DIBUJAR EN EL IPAD CON PROCREATE

Título original: *Get Started with Procreate*

Idea, producción y diseño de The Bright Press,
un sello de Quarto Group,

Responsable editorial: James Evans
Directora editorial: Isheeta Mustafi
Directora artística: Emily Nazer
Editora en jefe: Jacqui Sayers
Coordinadoras editoriales: Anna Southgate, Sorrel Wood
Editora principal: Dee Costello
Editora del proyecto: Lindsay Kaubi
Diseñadora: Lindsey Johns

Producción de la edición española:
Traducción: Antonio Vizcarra para
Delivering iBooks & Design
Redacción y maquetación: Delivering iBooks & Design,
Barcelona

Distribución exclusiva de la edición española:
Librero IBP S. L.
C/ Paseo de los Olmos, n.º 20
Planta 1.ª, oficina 7
28005 Madrid, España
www.librero-ibp.es

Impreso en China
ISBN: 978-94-6499-083-6

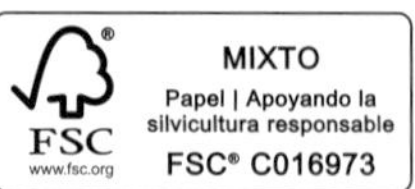

Créditos de las imágenes

i. = izquierda, d. = derecha, arr. = arriba, ab. = abajo
The Bright Press desea dar las gracias a:

Shutterstock: 18 Marina Rich, 77 arr. i. Ground Picture, 77 arr. d. Followtheflow, 77 ab. i. myboys.me, 77 ab. d. Ground Picture, 95 arr. i. Gergely Zsolnai, 95 arr. d. Creative Travel Projects, 95 ab. i. Galyna Andrushko, 95 ab. d. Creative Travel Projects, 101 Adisa.

Aunque se ha hecho todo lo posible por hacer constar a los titulares de los derechos de autor de las imágenes utilizadas en este libro, The Bright Press desea disculparse en caso de que se haya producido alguna omisión o error, y se compromete a efectuar las correcciones necesarias en futuras ediciones del libro.

DIBUJAR EN EL IPAD CON PROCREATE

Guía con tutoriales de 10 pasos para principiantes

Liz Kohler Brown

Librero

Índice

Los proyectos

Nivel principiante ★★★

Nivel intermedio ★★★

Nivel avanzado ★★★

Nota de la autora

Con este libro, espero que todos los artistas, diseñadores y personas creativamente curiosas descubráis que trabajar con colores y pinceles digitales puede abriros todo un nuevo mundo de posibilidades artísticas. Se acabaron los días de preocuparse por «malgastar» pinturas y papel o «estropear» un lienzo que nos ha costado mucho dinero. Cuando trabajas digitalmente, puedes experimentar con colores, formas y pinceles realistas sin tener que sacar tus pinceles y pinturas de la estantería.

Aprender a utilizar Procreate transformará y acelerará inevitablemente tu proceso creativo.

P.D. Esta es mi firma, dibujada en Procreate con el lápiz para hacer bocetos al 9%. Sí, la jerga especializada sobre arte digital pronto tendrá sentido para ti y, en unas pocas páginas, estarás listo para firmar tus propias obras de arte.

UNA INTRODUCCIÓN A Procreate

Cuando descubrí Procreate, estaba en una época de estancamiento creativo. Quería viajar y desplazarme de un lugar a otro, pero el material artístico pesa bastante y ocupa mucho espacio. Me compré un iPad reacondicionado e inmediatamente me adentré en un mundo inexplorado de colores, texturas y posibilidades ilimitadas que estaban al alcance de mi mano.

¿POR QUÉ UTILIZAR PROCREATE?

Procreate proporciona la sensación más cercana a la realidad de todas las aplicaciones de dibujo para iPad y se ha convertido en una de las herramientas favoritas de los artistas que trabajan con iPad. A medida que nos adentremos en los proyectos de este libro, verás que Procreate tiene una interfaz de pincel única que permite utilizar (o crear) cualquier efecto que puedas imaginar. Tanto si quieres crear una composición realista en acuarela como un diseño atrevido en blanco y negro con un rotulador de tinta, este programa reproduce la textura y la apariencia exactas que obtendrías sobre papel o lienzo. Veamos algunas de las ventajas de trabajar de forma digital.

En cualquier sitio

Cuando trabajas digitalmente, puedes sacar tu «estudio digital» dondequiera que estés, sea en tu cafetería favorita o en la terminal de un aeropuerto cuando tu vuelo se retrasa. Solo una advertencia: después de realizar los proyectos de este libro, puede que empieces a desear que tus vuelos se retrasen para no tener otra cosa que hacer que dibujar en tu iPad.

Sin sentirse culpable

Para muchos artistas, trabajar digitalmente es más liberador que utilizar los materiales tradicionales. Las presiones económicas (y la preocupación por el despilfarro de materiales) pueden poner a prueba tu creatividad e incluso provocar un bloqueo artístico. Puede que alguna vez te hayas preguntado: «¿mis capacidades creativas son lo suficientemente buenas para merecer este lienzo tan caro?». Cuando trabajas con pinceles digitales, puedes perfeccionar tus técnicas y encontrar tu estilo sin tener que sentirte culpable por gastar dinero en materiales caros. Incluso puedes dejar tu obra inacabada y empezar un lienzo nuevo sin pensar que estás malgastando tus materiales de dibujo.

Facilidad y rapidez

Que el arte tradicional requiere tiempo no es ningún secreto. La mera preparación de los materiales ya nos priva de una parte del poco tiempo que tenemos para dibujar, sobre todo a los que hacemos malabarismos para conciliar el trabajo con la familia y otras responsabilidades. El arte digital puede ser más eficiente. Cuanto más practiques tus técnicas de arte digital siguiendo los pasos de este libro, más rápido será tu proceso de creación artística. Antes de que te des cuenta, te tocará enfrentarte al problema de organizar tus carpetas porque no encuentras lo que buscas entre los cientos de lienzos de la página (más adelante te explicaremos cómo organizar tus carpetas con tus dibujos).

Impresiones artísticas: Puedes hacer impresiones con ilustraciones, *lettering* o incluso sencillas formas geométricas, como en esta composición que hice inspirándome en una colcha de *patchwork*.

Artículos de papelería: Puedes crear estampados y diseños que se repiten, ideales para papeles de regalo o cuaderno. En el proyecto 19, obtendrás más información sobre los patrones de repetición.

COMO UN PROFESIONAL

Procreate es una herramienta versátil que sirve para producir una amplia gama de ilustraciones, desde trazos en blanco y negro hasta efectos realistas llenos de color. Además de estilos, permite crear imágenes destinadas a una gran variedad de productos, como adhesivos, telas, artículos de papelería, ropa y mucho más. En esta página puedes ver algunos ejemplos de ilustraciones para productos que he creado con Procreate. Pueden servirte para empezar a pensar con qué te gustaría experimentar una vez que aprendas los conceptos básicos.

Ropa: Puedes utilizar ilustraciones, *lettering* o una combinación de ambos para diseñar prendas de ropa, como camisetas o gorras.

Tejidos: Puedes crear ilustraciones o estampados continuos para imprimirlos en tela utilizando una página web de impresión por encargo.

Acerca de este libro

Este libro está estructurado en 20 proyectos artísticos de Procreate que han sido diseñados para trabajar desde un nivel básico y aprender progresivamente las técnicas y el uso de las herramientas. Cada proyecto está clasificado según su grado de dificultad: básico, intermedio o avanzado. El nivel de los proyectos se indica tanto en el índice del libro como al pie de página de cada proyecto, con una clasificación mediante estrellas: una estrella significa que es un proyecto apto para principiante, dos estrellas corresponden a un nivel intermedio y tres, a un nivel avanzado.

Aunque puedes empezar con cualquier proyecto del libro, puede que te sientas frustrado si pasas a un proyecto avanzado sin haber aprendido las técnicas de las secciones anteriores.

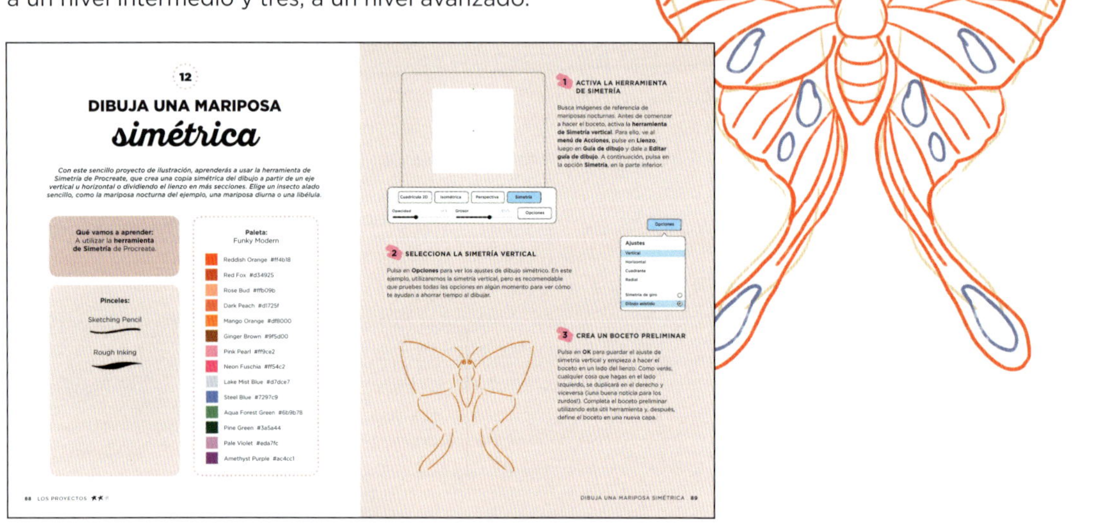

12

DIBUJA UNA MARIPOSA
simétrica

Con este sencillo proyecto de ilustración, aprenderás a usar la herramienta de Simetría de Procreate, que crea una copia simétrica del dibujo a partir de un eje vertical u horizontal o dividiendo el lienzo en más secciones. Elige un insecto alado sencillo, como la mariposa nocturna del ejemplo, una mariposa diurna o una libélula.

Qué vamos a aprender: A utilizar la **herramienta de Simetría** de Procreate.

Pinceles:
Sketching Pencil
Rough Inking

Paleta: Funky Modern
Reddish Orange #ff4b18
Red Fox #d34925
Rose Bud #ffb09b
Dark Peach #d1725f
Mango Orange #df8000
Ginger Brown #9f5d00
Pink Pearl #ff9ce2
Neon Fuschia #ff54c2
Lake Mist Blue #d7dce7
Steel Blue #7297c9
Aqua Forest Green #6b9b78
Pine Green #3a5a44
Pale Violet #eda7fc
Amethyst Purple #ac4cc1

88 LOS PROYECTOS

1 ACTIVA LA HERRAMIENTA DE SIMETRÍA

Busca imágenes de referencia de mariposas nocturnas. Antes de comenzar a hacer el boceto, activa la **herramienta de Simetría vertical**. Para ello, ve al **menú de Acciones**, pulse en **Lienzo**, luego en **Guía de dibujo** y dale a **Editar guía de dibujo**. A continuación, pulsa en la opción **Simetría**, en la parte inferior.

2 SELECCIONA LA SIMETRÍA VERTICAL

Pulsa en **Opciones** para ver los ajustes de dibujo simétrico. En este ejemplo, utilizaremos la simetría vertical, pero es recomendable que pruebes todas las opciones en algún momento para ver cómo te ayudan a ahorrar tiempo al dibujar.

3 CREA UN BOCETO PRELIMINAR

Pulsa en **OK** para guardar el ajuste de simetría vertical y empieza a hacer el boceto en un lado del lienzo. Como verás, cualquier cosa que hagas en el lado izquierdo, se duplicará en el derecho y viceversa (¡una buena noticia para los zurdos!). Completa el boceto preliminar utilizando esta útil herramienta y, después, define el boceto en una nueva capa.

DIBUJA UNA MARIPOSA SIMÉTRICA 89

Cada proyecto se lleva a cabo siguiendo 10 pasos que te ayudarán a adquirir los conocimientos necesarios para luego poder continuar con el próximo. Todos los proyectos se realizan con un lienzo del mismo tamaño e incluyen detalles de la paleta y de los pinceles utilizados. Así, si lo deseas, podrás reproducirlos casi exactamente como aparecen aquí.

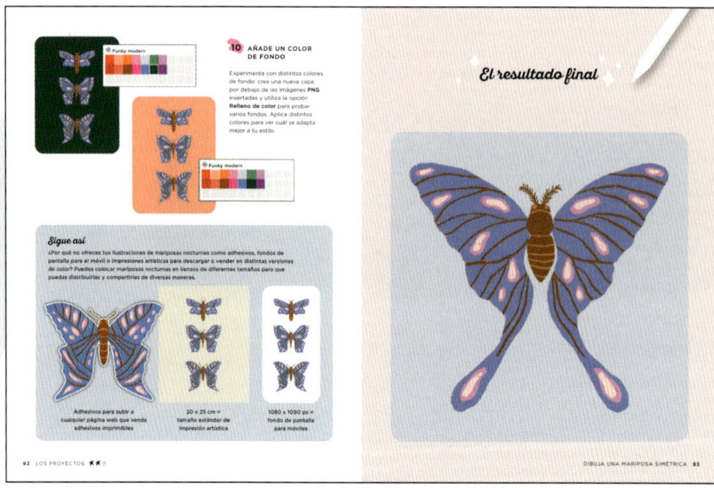

10 AÑADE UN COLOR DE FONDO

Experimenta con distintos colores de fondo: crea una nueva capa por debajo de las imágenes **PNG** insertadas y utiliza la opción **Relleno de color** para probar varios fondos. Aplica distintos colores para ver cuál se adapta mejor a tu estilo.

Sigue así

¿Por qué no ofreces tus ilustraciones de mariposas nocturnas como adhesivos, fondos de pantalla para el móvil o impresiones artísticas para descargar o vender en distintas versiones de color? Puedes colocar mariposas nocturnas en lienzos de diferentes tamaños para que puedas distribuirlas y compartirlas de diversas maneras.

Adhesivos para subir a cualquier página web que venda adhesivos imprimibles

20 x 25 cm = tamaño estándar de impresión artística

1080 x 1090 px = fondo de pantalla para móviles

92 LOS PROYECTOS

El resultado final

DIBUJA UNA MARIPOSA SIMÉTRICA 93

¿QUÉ TIPO DE ARTISTA ERES?

Llevo suficiente tiempo trabajando con artistas como para saber que hay varios tipos de mentalidades a la hora de buscar inspiración, cada una con su propio estilo de aprendizaje. Vamos a hablar de tres formas diferentes de utilizar este libro, para que puedas elegir el estilo que mejor se adapte a ti.

1. El alumno metódico

El alumno metódico disfrutará siguiendo los pasos del libro al pie de la letra, quizá incluso copiando el proyecto con exactitud. Esta es una manera excelente de trabajar cuando se desea centrarse en el aprendizaje de la aplicación y las herramientas, sin tener que preocuparse de crear una composición al mismo tiempo. No dudes en usar este método si quieres aprender primero a utilizar las herramientas y luego realizar tus propias ilustraciones.

2. El inconformista

El inconformista es creativo en todo lo que hace, incluso a la hora de cumplir las normas establecidas. Por tanto, este tipo de artista no va a seguir las instrucciones de los proyectos escrupulosamente. Si ese eres tú, no dudes en seguir tu instintos e ir directo al proyecto que te interese para encontrar el proceso o la técnica que quieras aprender.

3. El rebelde

Los rebeldes probablemente ya se hayan saltado la lectura de esta introducción porque no les gusta ceñirse al orden predeterminado del temario de un libro. No obstante, si hay algún rebelde leyendo esto, quiero que sepa que puede saltarse las normas de todos y cada uno de los proyectos de este libro, aunque un rebelde no necesitaría mi permiso para hacerlo.

Por supuesto, puede que descubras que no encajas perfectamente en ninguna de estas categorías, o que tu forma de abordar los proyectos cambia a medida que avanzas. Limitar la creatividad es lo peor que podemos hacer en nuestro proceso artístico, así que déjate llevar y utiliza este libro como desees; lo importante es que te haga sentir verdadera pasión por dibujar.

ENCUENTRA TU ESTILO

Encontrar tu estilo como artista es un proceso continuo y, en esta fase inicial, lo mejor es probar todo lo que se te ocurra para hacerte una idea de lo que tienes a tu disposición. Cuantas más ilustraciones crees, mayor predisposición tendrás por utilizar determinados colores, pinceles y temas que te gusten, lo que a su vez contribuirá a ayudarte a descubrir tu propio estilo creativo.

PARA empezar

Para empezar a utilizar Procreate necesitarás el equipo adecuado junto con algunas nociones y conocimientos básicos que te permitan abrir la aplicación y empezar a explorar sus funciones.

EQUIPO

Por el momento, Procreate solo funciona en iPads y iPhones, así que esos son los dispositivos recomendados que debes utilizar. La versión para iPhone de Procreate, conocida como Procreate Pocket, puede utilizarse con este libro, pero las funciones de esa aplicación son algo limitadas, por lo que es posible que no todo lo que se explica aquí esté disponible en Procreate Pocket. Por este motivo, se recomienda utilizar un iPad. El Apple Pencil es una elección excelente como lápiz óptico para dibujar, ya que tiene el tacto más realista de todos los lápices ópticos disponibles, pero sin duda puedes utilizar otro modelo si encuentras uno que sea sensible a la presión. Sin esta sensibilidad, no puedes utilizar la interfaz de pincel de Procreate, que hace que los trazos del pincel sean más gruesos o más finos en función de la presión que apliques con el lápiz óptico. Dicho esto, utiliza cualquier modelo que tengas en ese momento, teniendo en cuenta que más adelante siempre puedes cambiarlo.

TU «LIENZO»

El primer paso para hacer ilustraciones en Procreate es crear un nuevo documento. Aquí es donde muchos artistas se quedan atascados. Se preguntan qué tamaño utilizar y qué significan todas las opciones, aparentemente complicadas, que se muestran en la página. Vamos a simplificar las cosas y a utilizar el mismo tamaño de lienzo para todos los proyectos, pero quizá más adelante quieras usar uno diferente en función de lo que estés creando. Por ejemplo, si quieres hacer una impresión artística de 21,6 x 28 cm, elegirás un lienzo de 21,6 x 28 cm a 300 PPP.

¿Qué significa PPP?

PPP (siglas de «puntos por pulgada») se refiere a la cantidad de píxeles dentro de una pulgada. El estándar de la mayoría de las impresoras modernas es de 300 PPP, por lo que es lo que se suele emplear para todas las ilustraciones. Sin embargo, hay algunas imprentas que utilizan unos PPP diferentes, así que consulta primero con cada empresa antes de solicitar la impresión de tu material gráfico.

Una imagen impresa con los PPP correctos conservará la nitidez y el detalle.

Si el número de PPP es demasiado bajo, la imagen se verá pixelada y tal vez desenfocada.

CÓMO DESHACER, REHACER Y HACER *ZOOM*

Procreate incorpora herramientas que se activan con el movimiento de los dedos y que pueden ahorrarte mucho tiempo al dibujar, por lo que es importante que las conozcas y practiques antes de empezar. A continuación, puedes ver una guía con algunos de los movimientos más útiles que puedes hacer con los dedos.

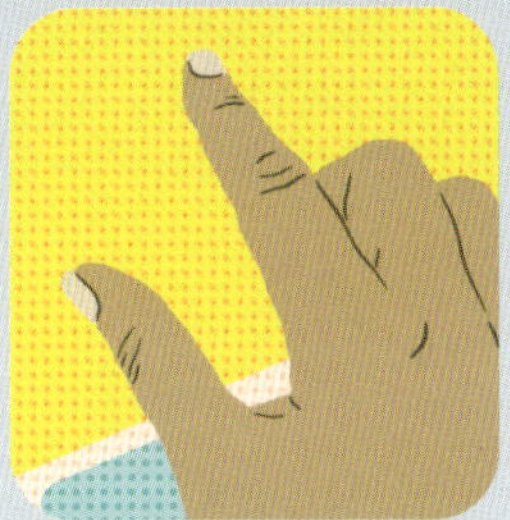

Gesto para deshacer

Tocar el lienzo con **dos dedos** deshace una acción. Si pulsas más veces, se irán deshaciendo las acciones anteriores. Si cierras el lienzo pulsando **Galería**, se restablecerá la «memoria correspondiente a la acción de deshacer». Por tanto, una vez hecho esto, ya no podrás abrir un documento y empezar a dar pulsaciones con los dos dedos para deshacer acciones

Gesto para rehacer

Tocar el lienzo con **tres dedos** rehace la acción que acabas de deshacer. A veces, pulsamos accidentalmente deshacer, o simplemente queremos rehacer/deshacer una línea varias veces para ver cómo queda la composición con o sin ella, y este gesto tan útil nos permite hacerlo.

Gesto para hacer zoom

Puedes **pellizcar con los dedos** sobre el lienzo para ampliar o reducir (hacer *zoom*) el tamaño de tu dibujo. Esto facilita el trabajo en dibujos detallados y evita tener que tensar el cuello y dañarte la vista.

Para ver cómo se aplican estas funciones, tómate un tiempo para practicar cómo ampliar y reducir el tamaño de la imagen y deshacer y rehacer tus pinceladas.

Escala y falta de nitidez

¿Alguna vez has visto un menú de restaurante o un letrero de tienda que estuviera borroso? Esto se debe a que la ilustración es más pequeña que el objeto en el que se imprimió y que se ha tenido que ampliar en exceso. Este proceso crea una imagen borrosa porque no hay suficientes píxeles para imprimir una línea bien definida. Por esta razón, no debes aumentar la escala de las ilustraciones; solo puedes reducirla. Tenlo muy en cuenta cuando crees nuevas ilustraciones. Siempre es mejor trabajar con un tamaño más grande del que necesitas y reducirlo después, si es necesario, que aumentar el tamaño y obtener resultados poco nítidos.

¿De qué tamaño son los proyectos?

Para cada uno de los proyectos del libro, el tamaño del documento, o lienzo, es de:

25,4 x 25,4 cm a 300 PPP (es decir, 3000 x 3000 píxeles).

Esto significa que podrás imprimir ilustraciones de 25,4 x 25,4 cm o más pequeñas, pero no más grandes.

Crea una página de prácticas

1 CREA UN NUEVO LIENZO

Crea una página de prácticas pulsando el símbolo **+** y, a continuación, el símbolo de **nuevo lienzo** para crear un nuevo lienzo.

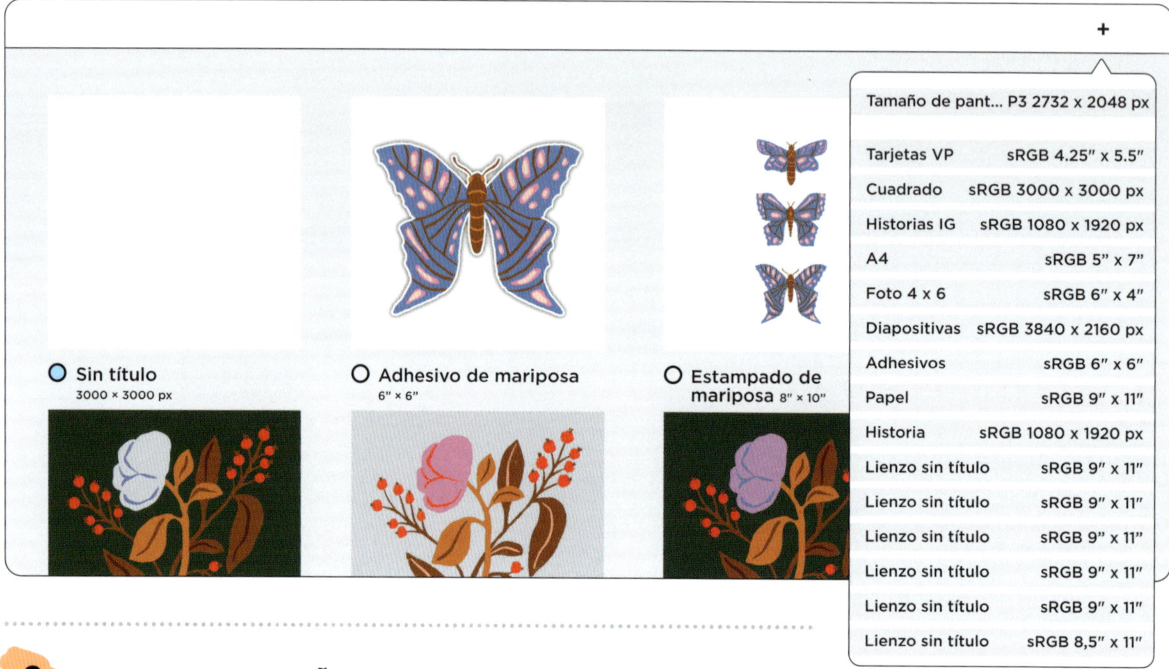

2 AJUSTA EL TAMAÑO DEL DOCUMENTO

Especifica 3000 x 3000 como dimensiones de los píxeles. Verás que también puedes cambiar la unidad de medida a milímetros, centímetros o pulgadas si así lo deseas. Puede que necesites hacer esto más adelante si trabajas con un cliente o una empresa que solicite un tipo concreto de medidas.

Lienzo personalizado	Lienzo sin título	
Dimensiones	Ancho	3000 px
Perfil de color	Alto	3000 px
Ajustes de tiempo acelerado	PPP	300
Propiedades del lienzo	N.º máximo de capas	204

Consejo Cuando cambias el tamaño de tu documento, se modifica el **n.º máximo de capas**. Este número te indica cuántas capas puedes utilizar en tu dibujo en función del dispositivo que tengas y el tamaño de tu documento (pronto hablaremos más sobre las capas, pero, por ahora, solo tienes que saber que usar más capas es algo positivo). Así que si creas un documento de 76 x 76 cm, y esta página indica que tienes tres capas, quizá debas plantearte trabajar una ilustración más pequeña, ya que si tienes un número limitado de capas dispondrás de una flexibilidad limitada para cambiar el color y el estilo.

3 ELIGE UN PERFIL DE COLOR

Ahora pulsa en la sección **Perfil de color**. Aquí encontrarás una lista de perfiles de color (es decir, maneras de mostrar el color que utilizan las impresoras). El valor predeterminado suele ser una de las variaciones de RGB, y verás que la mayoría de las impresoras domésticas, empresas de impresión por encargo y empresas de impresión digital utilizan este perfil. En los casos en los que se prefieren otros perfiles de color, la empresa o el cliente deben comunicar exactamente cuál utilizan sus impresoras. De momento, puedes dejar el valor predeterminado. Pulsa en **Crear** para abrir tu lienzo en blanco.

Lienzo personalizado	Lienzo sin título — Importar — Cancelar — Crear
DImensiones	⦿ RGB ◯ CMYK
Perfil de color	Display P3
Ajustes de tiempo acelerado	sRGB IEC61966-2.1
Propiedades del lienzo	sRGB v4 ICC Appearance
	sRGB v4 ICC Preference
	sRGB v4 ICC Preference Display Class

4 LA BIBLIOTECA DE PINCELES

Lo primero que verás al abrir tu lienzo es que la interfaz es sencilla, ya que solo tiene unas pocas herramientas situadas en la parte superior de la pantalla. La herramienta que utilizarás con mayor frecuencia es la **Biblioteca de pinceles**, así que pulsa sobre ella y luego vuelve a pulsar para seleccionar uno de los **conjuntos de pinceles**. Entonces verás todos los pinceles disponibles en ese grupo. Elige uno y dibuja con él en el lienzo. Repite el mismo proceso con otros pinceles, abriendo varios **conjuntos de pinceles** para experimentar con una amplia gama de opciones hasta que te familiarices con los diferentes grosores, texturas y modos de aplicación de cada una.

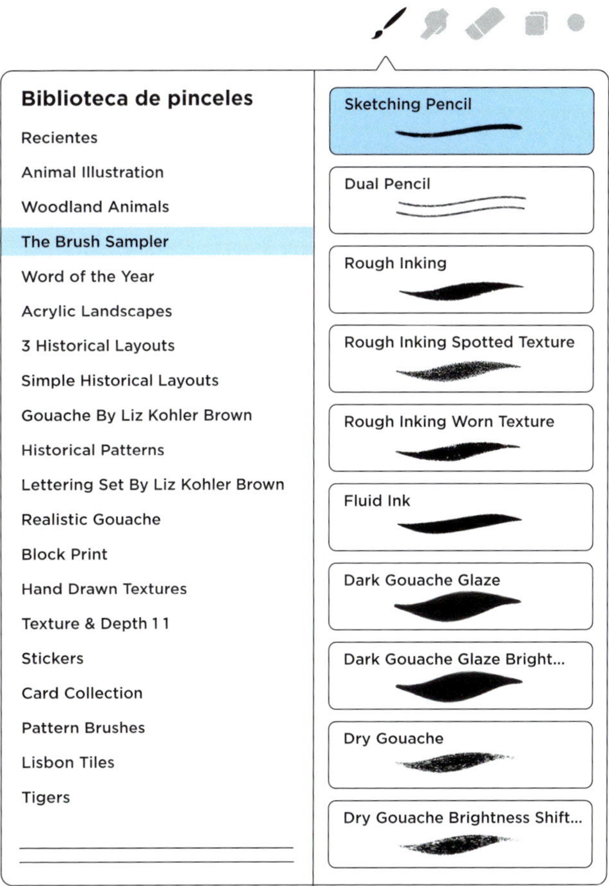

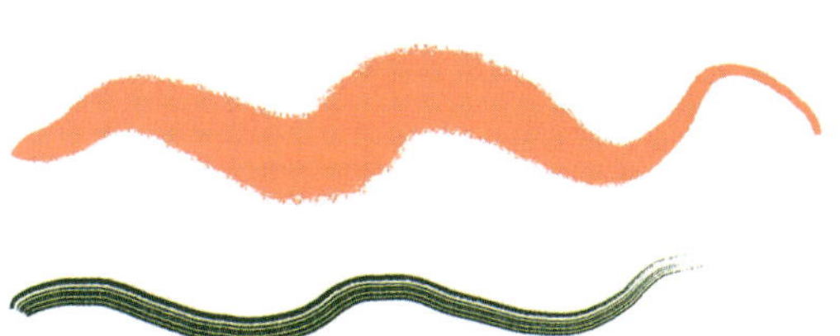

5 TAMAÑO DEL PINCEL Y OPACIDAD

Los controles deslizantes de la parte izquierda de la pantalla te permiten ajustar el **tamaño** (control deslizante superior) y la **opacidad** (control deslizante inferior) de cada pincel. Por tanto, si un pincel resulta demasiado grande, pequeño u oscuro, puedes ajustarlo aquí.

6 USO DEL COLOR

Añade color a tu página pulsando en el **disco de colores** y seleccionando un color. Puedes arrastrar el dedo por el disco exterior para elegir el color, y luego utilizar el círculo interior para determinar el brillo/saturación. Una vez que hayas elegido un color que te guste, selecciona un pincel y dibuja con él sobre el lienzo. Repite estos pasos con varios colores hasta que tengas una página llena de trazos de colores.

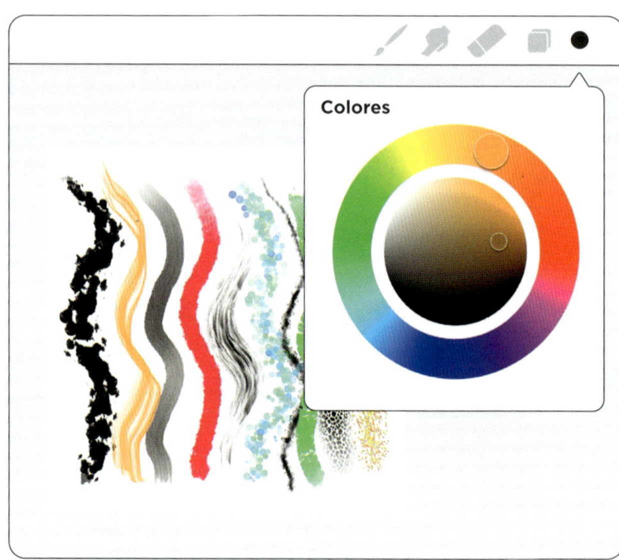

7 CÓMO BORRAR

Hay varias maneras de borrar en Procreate, entre las que se incluye el **gesto de deshacer**, que se describe en la página 11. También puedes utilizar la opción **Borrar** de la barra de herramientas, que permite elegir gomas de borrar con las diferentes formas de los pinceles. Para probar esta función, pulsa en **Borrar** y, a continuación, vuelve a pulsarla para elegir un pincel. Borra líneas horizontalmente y elige distintos pinceles para ver cómo cada uno crea un efecto diferente. Algunos de ellos eliminan las marcas dejando un borde definido, mientras que otros crean un borde suave, como si estuviese aerografiado.

CREA UNA NUEVA CAPA

Las capas son los componentes básicos del arte digital. Puedes utilizarlas para ganar tiempo, organizarte y ajustar tus ilustraciones mientras trabajas. Piensa en las capas como si fueran hojas de papel transparente apiladas unas sobre otras.

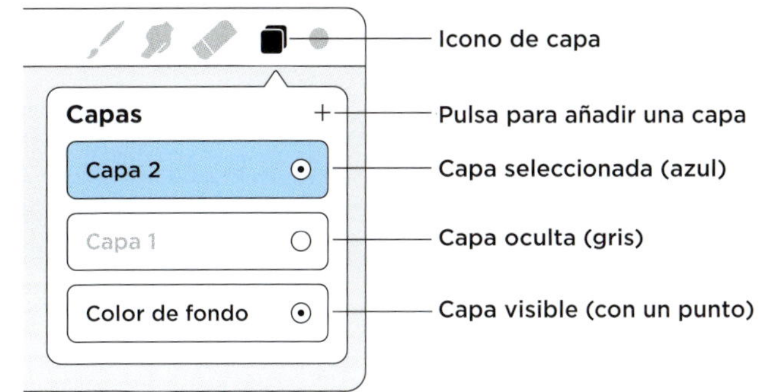

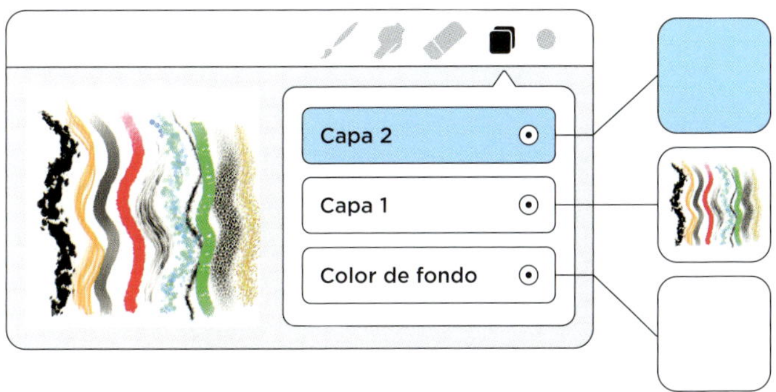

Para practicar un poco con las capas, pulsa sobre **Capas** y, a continuación, toca el símbolo **+** para crear una nueva capa.

Consejo Puedes deslizar el dedo hacia la izquierda sobre una capa para ver las opciones de Bloquear, Duplicar o Eliminar la capa. La primera te impide editar o borrar una capa.

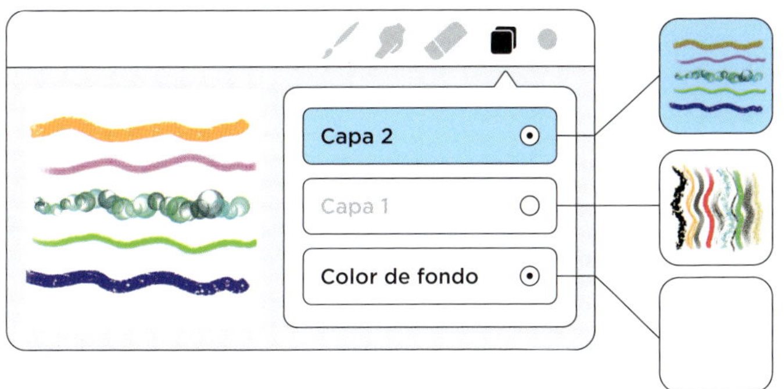

Crea una nueva página de prácticas en la nueva capa seleccionando un pincel y dibujando con él en el lienzo. Prueba con varios colores hasta que tengas otra página llena de trazos de colores.

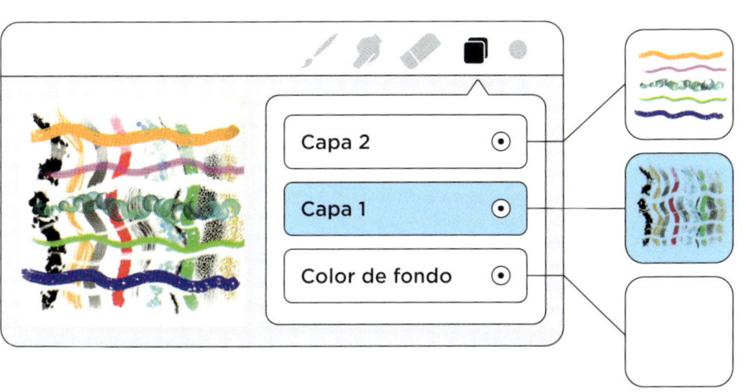

A continuación, observa qué ocurre cuando borras sobre esa nueva capa. Solo se borra lo que hay en la capa que tienes seleccionada en azul en **Capas**. Ahora puedes pulsar sobre **Capas**, seleccionar tu primera capa y dibujar y borrar en ella sin que afecte a la Capa 2. Cada capa es un pequeño «mundo» independiente en el que puedes trabajar sin modificar nada de las otras.

9 BORRA TU LIENZO

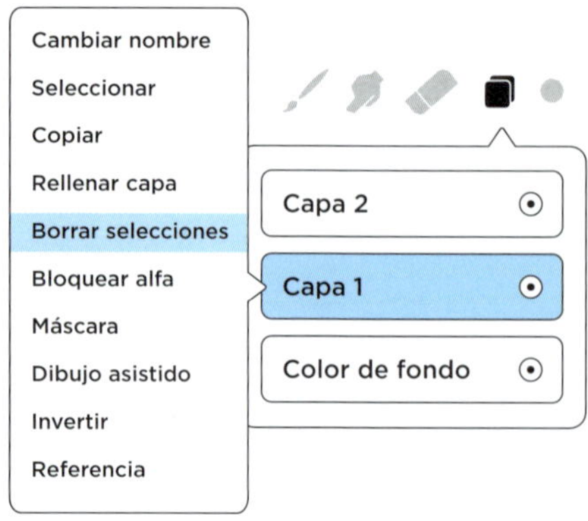

Ahora, borra tu lienzo para que puedas practicar con otras herramientas. Para ello, pulsa sobre una capa, luego en el menú desplegable que aparece y dale a **Borrar selecciones**. Esto elimina todo lo que haya en esa capa; puedes repetir ese paso con ambas capas. Este es el tercer método para borrar material en Procreate; va muy bien para eliminar una gran cantidad de material de una sola vez.

10 LAS HERRAMIENTAS DE AJUSTES

Para ver cómo funcionan las **herramientas de Ajustes**, crea una nueva capa y añade color al lienzo. Usa un pincel sólido para crear dos grandes bloques de color que estén uno al lado del otro.

Desliza el dedo hacia la izquierda sobre esa capa y pulsa en **Duplicar**. Repite ese mismo proceso nueve veces para tener 10 duplicados en total. Vamos a experimentar con cada capa utilizando los **Ajustes**, así que tener los duplicados facilitará esa tarea.

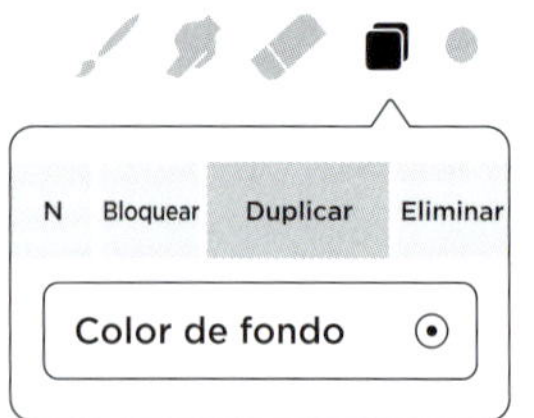

Pulsa la capa superior del **panel de Capas** y asegúrate de que está resaltada en azul, dale a **Ajustes** y, a continuación, pulsa la opción **Tono**, **Saturación**, **Brillo**. Ajusta los controles deslizantes de la parte inferior de la pantalla para ver cómo cambia tu página.

Repite este proceso con todas las **herramientas de Ajustes**, utilizando cada vez una capa diferente de tu serie de bloques de color duplicados. Sigue los pasos que se indican a continuación para las herramientas que no tienen barras visibles en la parte inferior. Puedes tocar la marca de verificación de las capas que ya has ajustado para hacerlas invisibles, lo que te permitirá ver la siguiente capa de la lista.

11 HERRAMIENTAS DE AJUSTES DESLIZANDO LOS DEDOS

La mayoría de las opciones de los **Ajustes** son bastante intuitivas, pero hay una característica de algunas de estas herramientas que puede que no lo sea tanto para los principiantes: el deslizamiento con los dedos. Puedes practicar esta función con la **herramienta de Desenfoque gaussiano**. Pulsa en la capa que quieras desenfocar y luego sobre **Desenfoque gaussiano**, en el menú de **Ajustes**. Arrastra el dedo por el lienzo de izquierda a derecha para ver cómo cambia el porcentaje de la parte superior. Cuanto mayor sea el porcentaje, más borroso se verá tu dibujo. Un porcentaje de 100 % creará un degradado uniforme que podrás aplicar al fondo de cualquier ilustración.

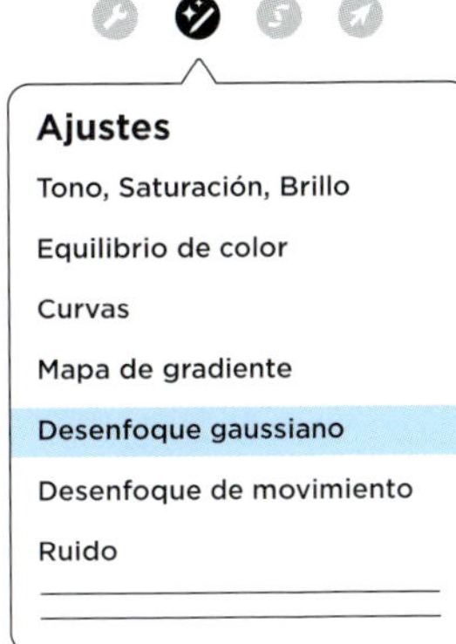

Prueba esto con todas las otras **herramientas de Ajustes** que requieren deslizar el dedo para ver cómo cambian tus capas. Sabrás que es necesario deslizar el dedo si no aparece un menú en la parte inferior. Aquí tienes un ejemplo de la función de **Rotura**, que da a tus ilustraciones un efecto de fallo digital.

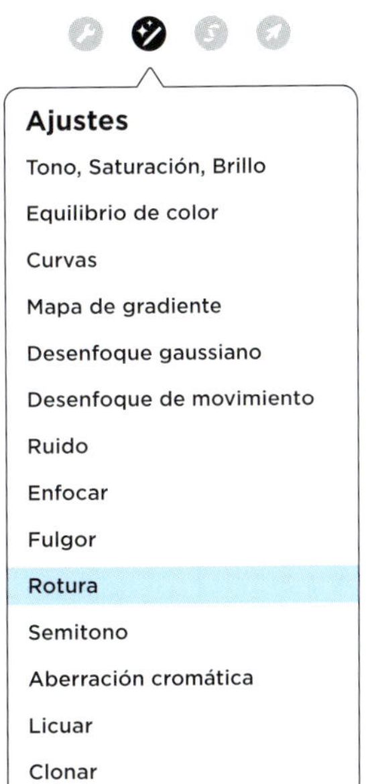

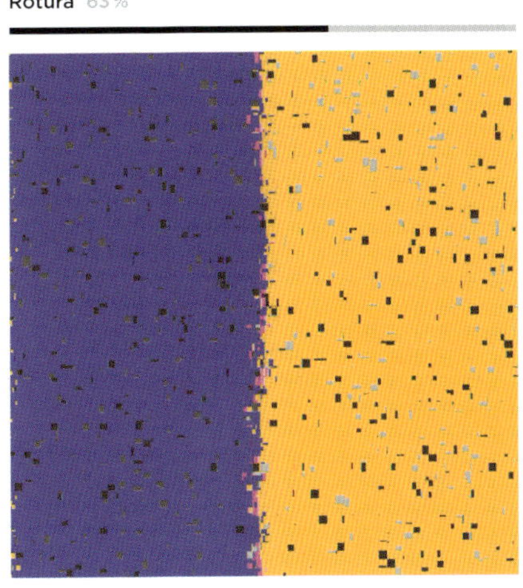

Usa imágenes de referencia

DÓNDE OBTENERLAS

Existen recursos en Internet para obtener imágenes de referencia, pero utilízalos con precaución. La mayoría están protegidas por derechos de autor, por lo que es mejor que no uses imágenes de Internet como referencias directas; incluso volver a dibujar un producto o una imagen puede considerarse una infracción. Una excepción a esto son las imágenes de Creative Commons. Uno de mis recursos favoritos es Flickr Commons, que incluye imágenes que ya no están protegidas por derechos de autor y que puedes utilizar sin ningún problema. Sin embargo, la mayoría de nosotros preferimos crear ilustraciones que sean completamente originales y no se parezcan a otras obras existentes, así que te recomendaría que ese fuera tu objetivo. Una opción es hacer tus propias fotografías y crear una biblioteca de imágenes personal (como en el ejemplo que se muestra a continuación).

Cómo utilizar una pantalla dividida

Procreate puede emplearse con la función de pantalla dividida, que se incluye en todos los iPads y permite ver dos aplicaciones a la vez. Para usar la pantalla dividida, abre la aplicación que quieras ver junto a Procreate (en este caso, Google Chrome), después desliza el dedo hacia arriba desde la parte inferior de la pantalla para ver los iconos de las aplicaciones y, por último, arrastra el icono de la aplicación a la izquierda de la pantalla para verlo junto a tu lienzo de Procreate. La imagen de arriba muestra una antigua ilustración de una naranja, datada en 1861, que subió la Biblioteca Pública de Boston a Flickr Commons.

Crea tu propia biblioteca de imágenes

Solo hay una cosa mejor que encontrar unas magníficas imágenes de referencia libres de derechos de autor: hacer tus propias fotos. Este es un buen momento para empezar tu propia biblioteca de imágenes de referencia, para que siempre que empieces un nuevo proyecto de dibujo, dispongas de modelos en los que inspirarte. Si estás a punto de comerte una deliciosa rosquilla de tu panadería local, ¡ESPERA UN MOMENTO! Antes de hincarle el diente, hazle una foto. Y luego fotografía también las rosquillas de tus amigos, porque nunca se tienen demasiadas imágenes de referencia de unas buenas rosquillas.

GUARDAR Y EXPORTAR ARCHIVOS

El paso final después de crear tu dibujo es guardarlo y compartirlo con el resto del mundo. Para ello, pulsa el menú de **Acciones**, luego la opción **Compartir** y, a continuación, elige un tipo de archivo. Para las redes sociales y las impresoras domésticas, el formato **JPEG** es una muy buena opción. Ahora pulsa en **Guardar imagen**, ya que eso te permite guardar el archivo en la aplicación de fotos de tu iPad. Una vez allí, puedes compartirlo en cualquier otro lugar que desees.

La función de guardar es automática

Procreate tiene una función de guardado automático, lo que significa que cada vez que creas una ilustración y luego pulsas en **Galería** para volver a tu espacio de galería inicial, el documento se guarda tal cual. Esto significa que nunca tendrás que preocuparte de pulsar el botón de guardar; sin embargo, el inconveniente de esta función es que si tocas **Galería** sin querer y luego intentas abrir el documento **pulsando con dos dedos** para deshacer un paso, te encontrarás con que no ocurre nada porque tus acciones anteriores se han guardado cuando pulsaste en **Galería**.

CREACIÓN DE CARPETAS

Para organizarte en Procreate, agrupa tus ilustraciones en carpetas, que se conocen como **grupos**.

1. Para ello, vuelve a la **Galería** (pulsa en **Galería** en la parte superior izquierda de la pantalla). Dale a **Seleccionar** y después toca tu ilustración. Pulsa en **Duplicar** unas cuantas veces para hacer algunos duplicados de tu dibujo.

2. Pulsa la **X** para deshacer esa selección, luego pulsa en **Seleccionar** de nuevo, toca todas las ilustraciones que hayas duplicado y dale a **Agrupar**.

3. Ahora puedes pulsar en el **grupo** recién creado y ver allí todas tus ilustraciones, separadas del resto de tus trabajos artísticos. Esto te ayudará a mantenerte organizado y centrado mientras creas tu biblioteca de ilustraciones. Puedes renombrar tanto el **grupo** como las ilustraciones individuales: solo debes pulsar sobre el nombre del **grupo/ilustración** en la **Galería** y escribir un nuevo nombre.

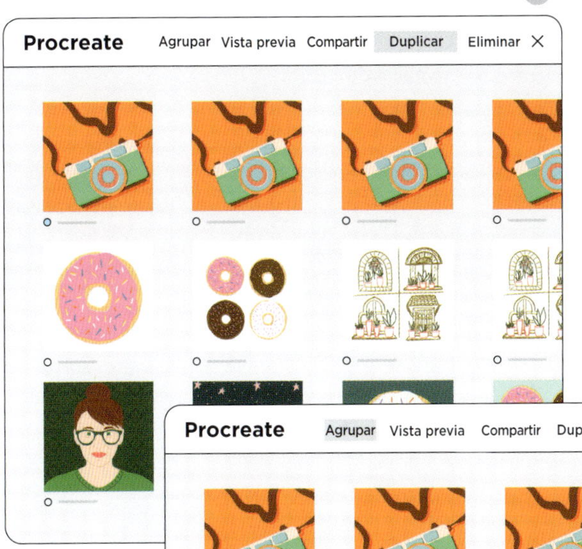

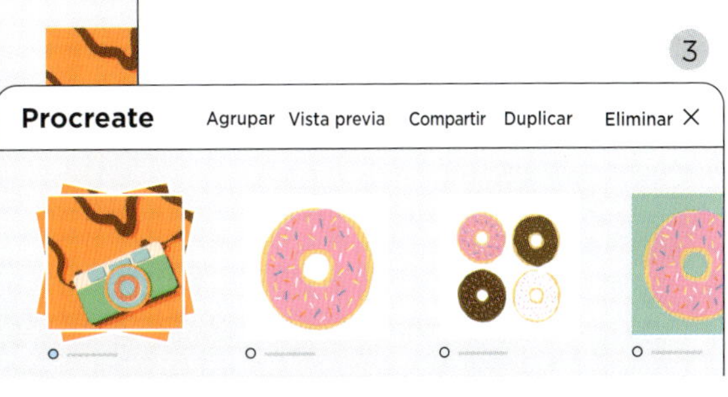

RECURSOS ADICIONALES

A lo largo del libro, mencionaré el conjunto de pinceles **The Brush Sampler**, unas **paletas de colores** y unas imágenes de referencia. Todos están en: LizKohlerBrown.com/10steps. Aquí también encontrarás las instrucciones para cargarlos en tu aplicación Procreate. Se trata de recursos opcionales que complementan los que ya se incluyen en el programa. Si quieres acceder a ellos, los encontrarás en la página indicada anteriormente.

The Brush Sampler

Se trata de un **conjunto de pinceles** personalizado de Procreate diseñado para ayudarte a experimentar todo el potencial de la aplicación. Cada uno de los pinceles se analizará más adelante en el libro, pero de momento quizá quieras descargar el **conjunto** y cargarlo en tu **Biblioteca de pinceles** de Procreate.

Paletas de colores

Hay cinco **paletas de colores** diseñadas especialmente para los proyectos de este libro. Para utilizarlas, cárgalas en tus **paletas guardadas** siguiendo el proceso descrito anteriormente.

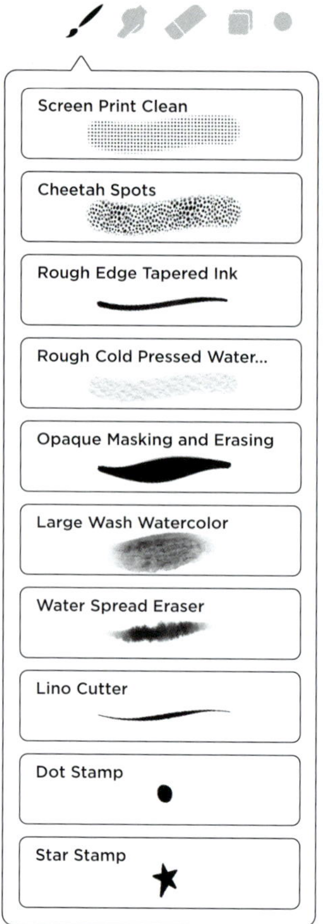

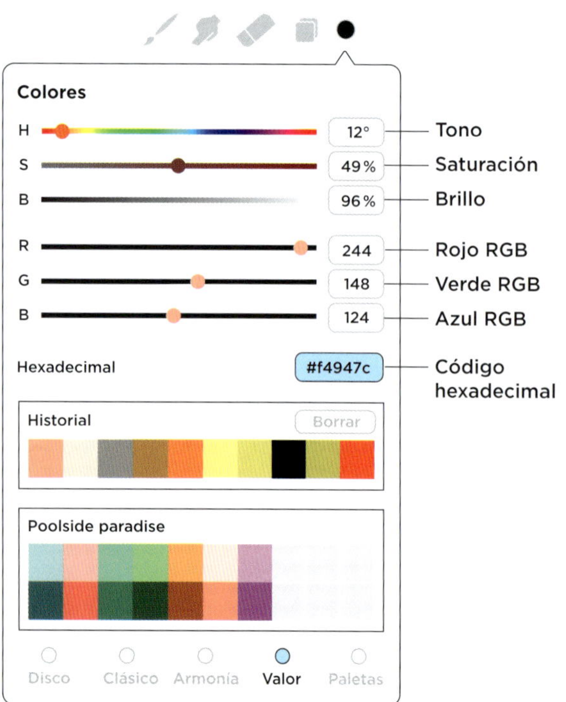

Códigos hexadecimales

La paleta de cada proyecto también incluye códigos hexadecimales, que son un modo de representar los colores digitalmente para que se adapten a casi cualquier aplicación. En un código hexadecimal, los colores se representan con una combinación de seis caracteres alfanuméricos, que incluyen los números del 0 al 9 y las letras de la A a la F.

Estos códigos te permiten crear paletas en tu biblioteca de Procreate basándote en combinaciones de colores que encuentres en Internet. Por ejemplo, si buscas «paleta de colores del desierto», es probable que encuentres una selección de interesantes combinaciones cromáticas, algunas con números de seis dígitos, que es el código hexadecimal. Puedes poner este número en tu paleta de Procreate.

Para introducir un código hexadecimal en tu biblioteca de colores, pulsa en el **menú de Valor** (en la parte inferior del **menú de Colores**) y, después, escribe el código de seis dígitos en la sección «Hexadecimal».

LOS
proyectos

¡Empecemos!

Ya tienes todo lo que necesitas para empezar a crear ilustraciones en Procreate. Pasemos directamente al primer proyecto, donde nos centraremos en hacer bocetos, organizar capas y utilizar imágenes de referencia.

1

ESBOZA unas frutas

Esboza unas sencillas frutas en una rama y, durante el proceso, te familiarizarás con las herramientas y los procesos básicos que se utilizan a lo largo de este libro. Puedes elegir como tema cualquier árbol frutal o simplemente dibujar la rama de naranjo que se muestra aquí.

Qué vamos a aprender:
A hacer bocetos en capas y a utilizar las herramientas de transformación para cambiar de tamaño y mover elementos.

Pinceles:

Sketching Pencil

Paleta:
Poolside Paradise

Robin Egg Blue #98f2f4
Faded Jade #347373
Cherry Blossom #ffb9bd
Watermelon Pink #ff6472
Seafoam Green #77f0b5
Eucalyptus #3d845f
Pale Green #9cf08c
Astroturf Green #395f36
Butterscotch Orange #ffad56
Pumpkin Skin #ad5a00
Dawn Pink #ffebe2
Coral Pink #f4947c
Lavender Ice Cream #eea8f2
Dark Lilac #a465aa

1 ELIGE LA PALETA

Pulsa el círculo de la esquina superior derecha de la pantalla para abrir el **disco de colores** y elige algunos colores para hacer tu boceto. En este ejemplo, las hojas son de color verde oscuro y las naranjas son de color naranja brillante; ambos tonos proceden de la paleta Poolside Paradise. Hacer bocetos con distintos colores te ayudará a organizarte y facilitará el proceso de entintado. También hará que tus bocetos queden más bonitos y llamativos.

2 ELIGE UN PINCEL

Selecciona un pincel pulsando en el icono de la **Biblioteca de pinceles** y elige el Sketching Pencil del **Brush Sampler** (consulta la página 20) o cualquier pincel de Procreate adecuado para realizar bocetos. Prueba el tamaño del pincel trazando algunas marcas en el lienzo y, a continuación, **pulsa con los dos dedos** para deshacer las marcas de prueba. Aquí el pincel para bocetos se utiliza al 24 %, pero puedes elegir el tamaño que desees.

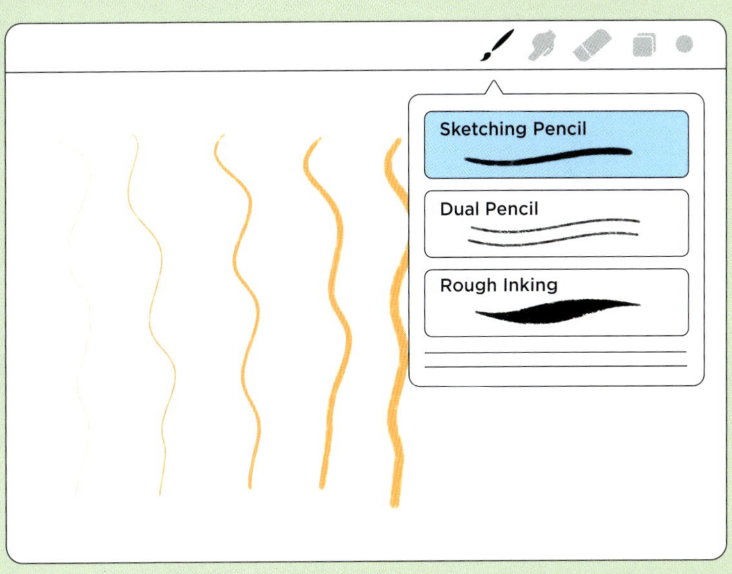

3 BUSCA IMÁGENES DE REFERENCIA

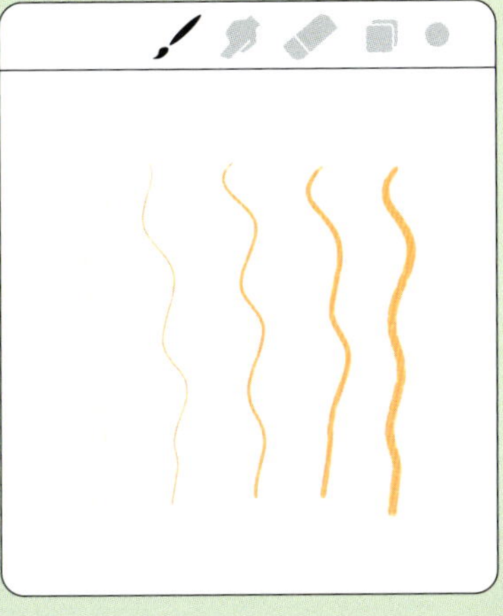

Busca en Internet algunas imágenes de naranjas. Recuerda que no debes copiar una sola imagen, sino más bien formas de muestra de varias fuentes. Si quieres utilizar las mismas imágenes que yo, hay una galería de imágenes de naranjas en Creative Commons en Flickr a la que puedes acceder a través de los recursos mencionados en la página 18. Ponlas junto al lienzo para que puedas ver las imágenes de referencia y el lienzo al mismo tiempo.

4 HAZ BOCETOS DE FORMAS IMPRECISAS

Traza rápidamente algunas formas circulares para indicar dónde se situarán las naranjas en la página. Repite el mismo proceso con las hojas, poniendo cada color en su propia capa. Asigna un nombre a las capas a medida que las vayas creando. Para ello, pulsa sobre la capa y luego en **Cambiar nombre** y escribe un nombre para la capa.

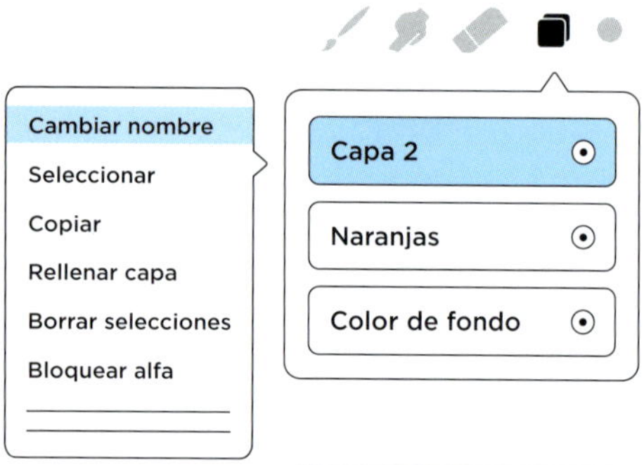

5 CAMBIA EL TAMAÑO DEL BOCETO

Llegados a este punto, puede que te hayas dado cuenta de que tu dibujo es demasiado grande, demasiado pequeño o está inclinado hacia un lado de la página. Si es así, pulsa sobre una capa en el **panel de Capas**, desliza el dedo hacia la derecha sobre la otra capa (para seleccionar varias capas a la vez) y luego pulsa la **herramienta para mover**. Ahora, con el dedo, tira de los puntos azules de las esquinas de tu ilustración para cambiarle el tamaño.

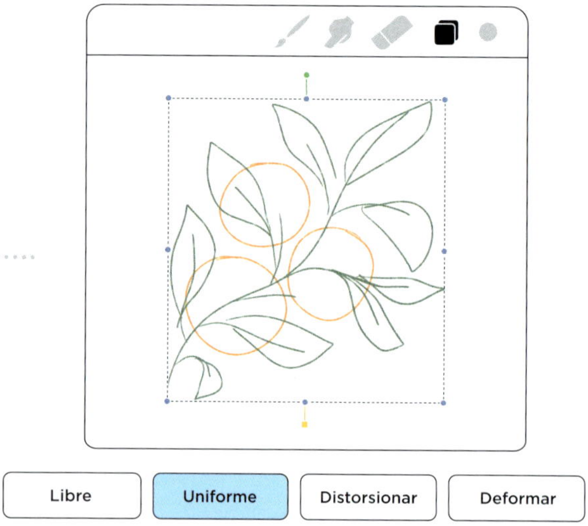

Consejo Si quieres mover objetos en la página, puedes deslizar el dedo por el lateral del lienzo en lugar de ponerlo sobre la propia ilustración. Así te será más fácil ver lo que estás haciendo.

6 AGRUPA LAS CAPAS

Con las Capas aún abiertas, pulsa en el **panel de Capas** y luego en **Agrupar**, en la parte superior derecha del **panel de Capas**. Si quieres mantenerte organizado, puedes elegir renombrar el grupo igual que hiciste con las capas.

7 DEFINE EL BOCETO

Para que te sea más fácil ver la siguiente capa de bocetos, cambia el boceto preliminar a semitransparente. Para ello, abre el **grupo** pulsando la flecha que hay junto al nombre del grupo, pulsa una de las capas, toca el símbolo **N** que verás junto al nombre de la capa y, a continuación, reduce la opacidad. Si la reduces al 30 %, aún podrás ver el boceto preliminar, pero no te supondrá ninguna distracción.

8 COLOCA ELEMENTOS EN DIFERENTES CAPAS

Crea nuevas capas para las naranjas y las hojas. Ahora, puedes esbozar detalles como el grosor de la rama y las diferentes formas de las naranjas. Quizá tengas que borrar partes del dibujo para mostrar dónde se superponen los objetos. Ahora es cuando te alegrarás de haber colocado elementos en capas separadas, porque puedes borrar en una capa sin borrar otras partes de tu dibujo.

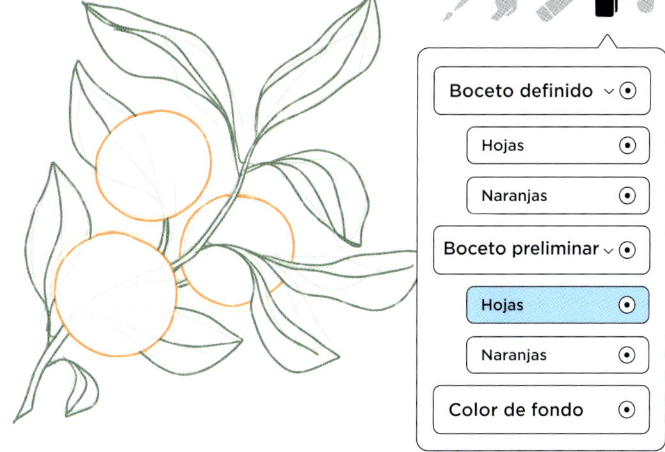

9 REVISA EL BOCETO

En esta fase, puedes elegir hacer más capas de bocetos o simplemente dar por terminado el dibujo. Yo suelo hacer al menos tres o cuatro capas de bocetos, así que no te preocupes si deseas retocar el dibujo. Ahora es un buen momento para añadir sombras, más variedad a las hojas o, si quieres, incluso algo de textura en las naranjas

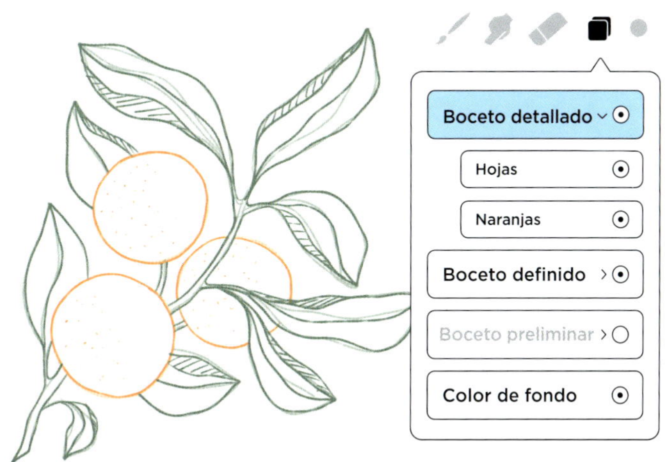

10 MUESTRA TU TRABAJO

Por último, haz invisibles los bocetos preliminares pulsando la marca de verificación situada junto a las capas que quieras ocultar. O deja todas las capas activadas para mostrar la progresión de tu dibujo. Recuerda que, aunque a la gente le encanta ver tu proyecto terminado, también les gusta ver las partes preliminares de tu proceso creativo, así que no temas compartir tus errores.

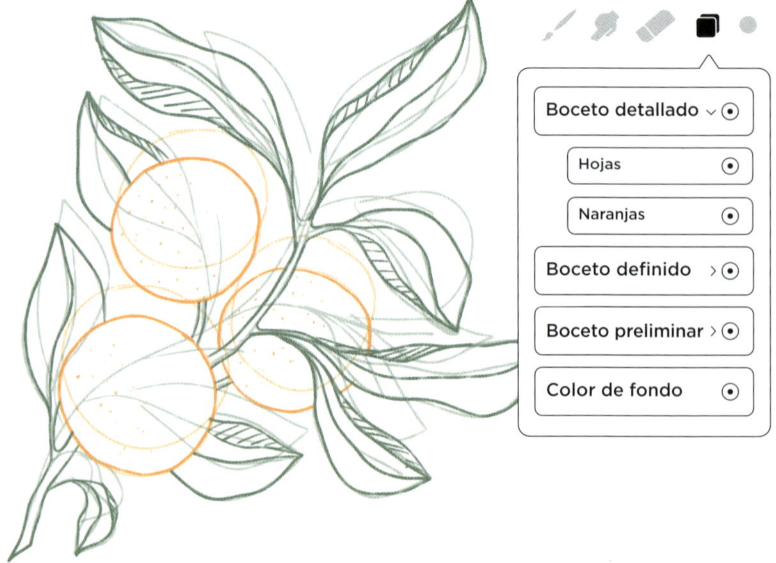

Sigue así

Prueba a hacer bocetos con distintos colores y cambiando el grosor del pincel. También puedes utilizar diferentes pinceles para ver cómo transforman el aspecto de los bocetos. Estos ejemplos están hechos con el pincel Sharp Pastel del Brush Sampler a un tamaño del 44 %, tanto en la versión en negro como en la de colores.

El resultado final

2

DIBUJA Y ENTINTA *tu bebida*

Dibuja tu bebida caliente favorita para practicar la creación de una composición desde el boceto a la ilustración final. Verás que en los primeros proyectos se utiliza siempre el mismo pincel. Esto simplifica las cosas, ya que así no tienes que preocuparte por además elegir el «pincel adecuado».

Qué vamos a aprender:
A entintar ilustraciones en capas y a cambiar colores.

Pinceles:

Sketching Pencil

Rough Inking Worn Texture

Paleta:
Funky Modern

Reddish Orange #ff4b18
Red Fox #d34925
Rose Bud #ffb09b
Dark Peach #d1725f
Mango Orange #df8000
Ginger Brown #9f5d00
Pink Pearl #ff9ce2
Neon Fuschia #ff54c2
Lake Mist Blue #d7dce7
Steel Blue #7297c9
Aqua Forest Green #6b9b78
Pine Green #3a5a44
Pale Violet #eda7fc
Amethyst Purple #ac4cc1

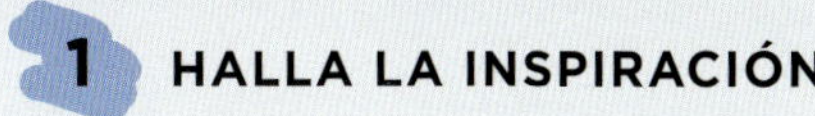

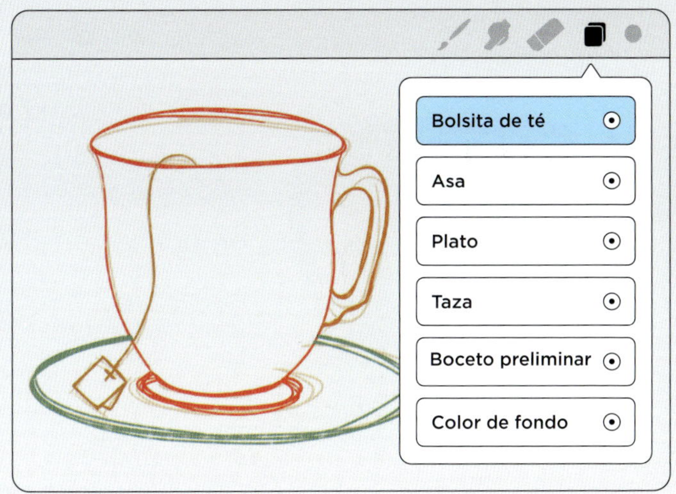

1 HALLA LA INSPIRACIÓN

Busca imágenes de tazas que te gusten. Aquí puedes ver una taza de té y un platillo, pero podrías dibujar una de capuchino, una de café expreso o incluso un vaso de cartón de usar y tirar. Puede que encuentres una taza con una forma que te guste o decorada de un modo que te llame la atención. Combinando varias características de tus imágenes de referencia, crea el boceto de una taza siguiendo los pasos del proyecto «Esboza unas frutas». Renombra cada capa a medida que las vayas creando para organizarte.

QuickShape es una «herramienta inteligente» que detecta lo que quieres dibujar y te ayuda a hacerlo con más precisión. Para trazar las formas ovaladas de la taza, dibuja el óvalo y luego, en lugar de dejar de presionar el lápiz óptico, mantenlo en su sitio un momento. Procreate activará QuickShape, que te ayudará a pulir la forma.

2 SELECCIONA UN PINCEL

Elige un pincel del **Brush Sampler** o uno de Procreate y prueba el grosor en tu lienzo para asegurarte de que sea del tamaño adecuado. Aquí he usado el pincel Rough Inking Worn Texture al 42%. Inicia el proceso de entintado dibujando alrededor de los bordes de las formas y, después, aumenta el tamaño del pincel para rellenar las partes interiores del dibujo.

3 ENTINTA EL INTERIOR DE LA FORMA

Solo es necesario entintar manualmente las partes interiores de las formas si quieres mantener la textura del pincel. Si usas un pincel sin textura, como el Fluid Ink del **Brush Sampler**, puedes arrastrar el color y soltarlo en cualquier forma cerrada. Para probar esta técnica, dibuja un círculo con la **herramienta de Repintado** y luego arrastra el color desde el **disco de colores** hasta el centro de la forma.

4 COLOREA EL RESTO DE LA TAZA

Repite el proceso de coloreado en las partes restantes de la taza. Si te sales de las líneas, puedes utilizar la goma de borrar, pero ten en cuenta que esto puede darle un toque original a tu dibujo. No temas trabajar con trazos poco definidos.

5 ORGANIZA LAS CAPAS

Asegúrate de que cada nuevo elemento va en una nueva capa, para que puedas cambiarlo fácilmente de color al final del proceso, y luego agrupa todas las capas entintadas. Nunca te arrepentirás de haber dedicado tiempo a crear un **panel de Capas** bien organizado.

AJUSTA LA SECUENCIA DE LAS CAPAS

Si te das cuenta de que una capa tiene que estar encima o debajo de otro elemento, puedes arrastrarla fácilmente con el dedo hasta el lugar adecuado del **panel de Capas**. Mantén el dedo sobre la capa durante unos instantes y verás que «sobresale» del **panel de Capas** para que puedas arrastrarla hasta donde quieras.

7 AÑADE UN COLOR DE FONDO

Para añadir un color de fondo, primero elige un tono. A continuación, crea una nueva capa, arrástrala hasta colocarla debajo de todas las otras capas, pulsa sobre la capa y luego en **Rellenar capa**.

8 DECORA LA TAZA

Pulsa sobre la capa en la que quieras añadir la decoración, en este caso el cuerpo de la taza, y luego pulsa en **Seleccionar**, en el menú desplegable. Deberías ver toda la ilustración, excepto la forma de la taza, cubierta de líneas diagonales. Las líneas indican lo que no está seleccionado (la zona en la que no puedes dibujar). Pulsa el símbolo **+** de la parte superior del **panel de Capas** y empieza a dibujar líneas, puntos o cualquier otro diseño que quieras.

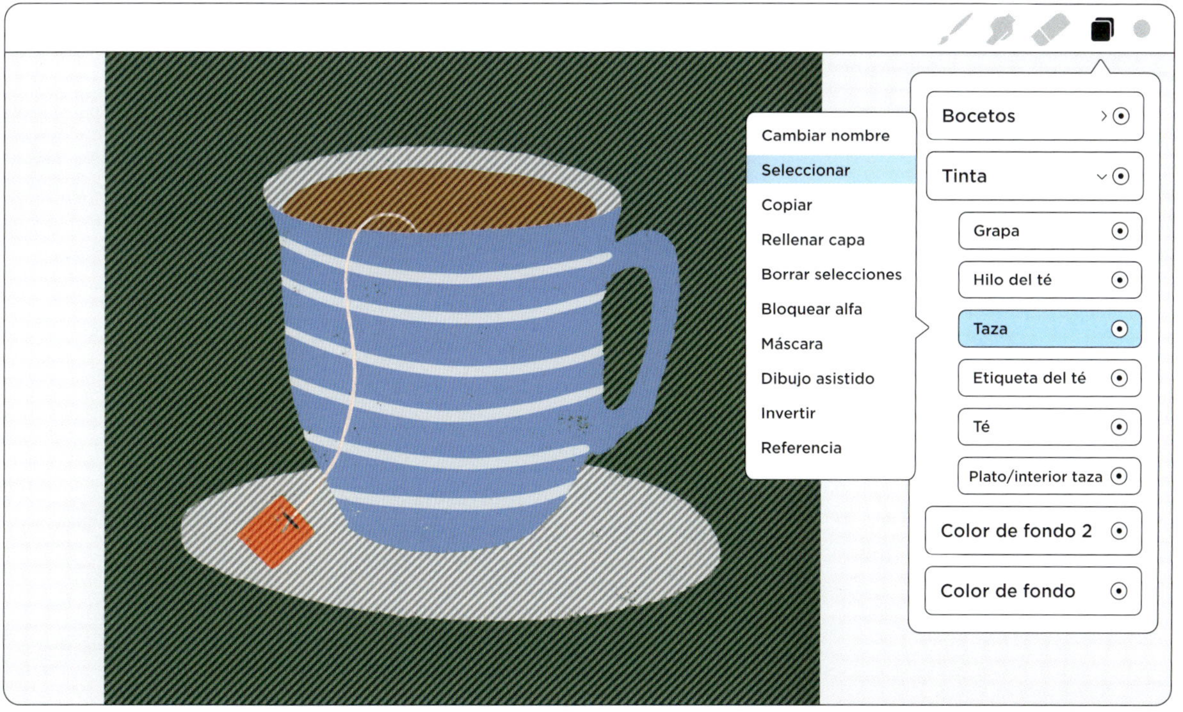

9 CAMBIA LOS COLORES

Hay varias formas de cambiar los colores en Procreate, y las explicaremos todas en este libro, pero por ahora vamos a simplificar las cosas: toca la capa que quieras cambiar, selecciona **Bloquear alfa**, elige un color, vuelva a pulsar sobre la capa y luego en **Rellenar capa**.

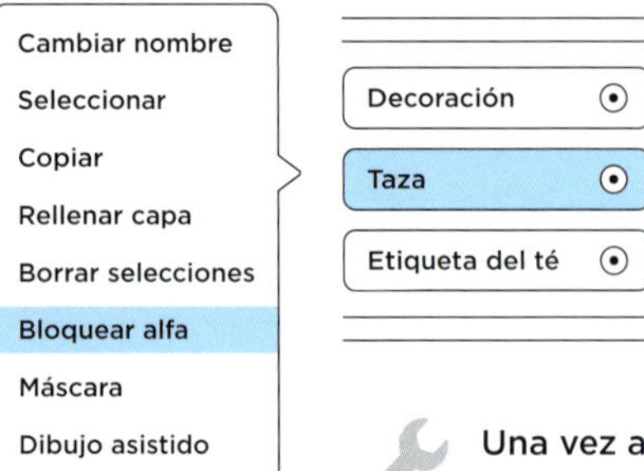

Una vez activada la función de **Bloquear alfa** de una capa, no tienes que volver a reactivarla, así que lo mejor es que la actives en todas tus capas entintadas. De este modo, podrás seleccionar fácilmente cada capa y, a continuación, pulsar en **Rellenar capa** para cambiar su color.

10 ENCUENTRA LA COMBINACIÓN DE COLORES PERFECTA

Repite el proceso de **Rellenar capa** que se describe en el paso 9, probando varios colores diferentes en cada capa (incluida la del fondo), hasta que encuentres una combinación que te guste.

Sigue así

¿Por qué no pruebas distintas decoraciones y combinaciones de colores? Con solo cambiar una o dos características de tu ilustración, le darás un aspecto y una textura totalmente diferentes.

El resultado final

3

DISEÑA PALETAS de rosquillas

En este proyecto, dibujarás tu producto favorito de panadería. Elige uno de colores vistosos, como rosquillas, macaroons o galletas, ya que el objetivo principal de este proyecto es practicar la creación de paletas a partir de muestras de colores tomadas de fotografías.

Qué vamos a aprender:
A crear **Paletas** y muestras de colores a partir de fotografías.

Pinceles:

Sketching Pencil

Rough Inking Worn Texture

Paleta:
Photo Sampled

Muted Sunset Orange #f2c27d

Blood Orange Red #b54c2f

Barbie Pink #ff94c9

Light Cornlower Blue #7895c3

Hot Pepper Red #f85c35

Chocolate Brown #7d5113

Dark Chocolate Brown #7d5113

Cherry Lips Red #992935

Jacaranda Lilac #9f91f0

Sea Glass Turquoise #9acebf

Apple Green #87a34e

Zesty Lime Green #bac53a

Banana Yellow #ffda68

Burnt Orange #c68836

1 HAZ UN BOCETO

Al igual que en los proyectos anteriores, empieza por buscar algunas fotos de tu producto de panadería favorito y dibújalo en el lienzo. Las rosquillas son una buena elección porque te dan la oportunidad de jugar con el color del confeti de azúcar y el glaseado, y así consigues una composición llena de colorido.

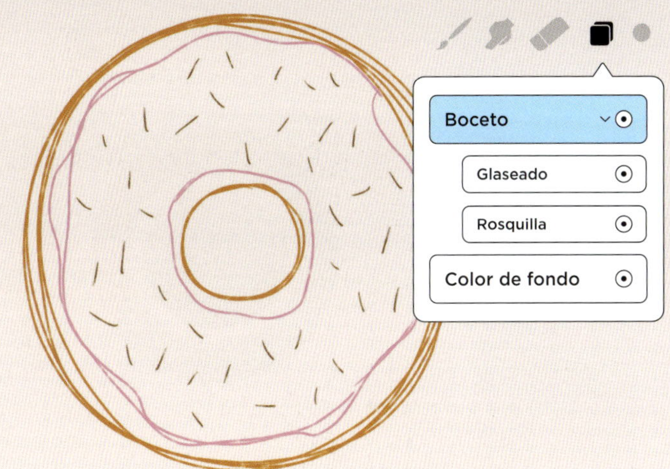

2 FOTOGRAFÍA TU PALETA

Para empezar a hacer una paleta, necesitarás una fotografía que contenga los colores que quieras añadir. Si no tienes una rosquilla de colores a tu disposición, reúne algunos objetos de tu casa que sean de los colores que desees y hazles algunas fotos. Puedes hacerlo con la cámara del iPad para evitar el paso de transferir las fotos de la cámara o teléfono al iPad.

3 AÑADE LA FOTO AL LIENZO

Cuando tengas las fotos en el iPad, ve el **menú de Acciones**, pulsa en **Añadir** y, a continuación, en **Insertar una foto**. Elige la imagen de la **Galería de fotos** y se añadirá a tu lienzo. Antes de empezar a crear la paleta, puedes reducir el tamaño de la foto utilizando los puntitos azules de las esquinas.

4 ABRE EL MENÚ DE COLORES

Pulsa en la **herramienta para mover** y recoloca la foto. A continuación, ve al **menú de Colores** para empezar a crear una nueva paleta, que se guardará en tu aplicación Procreate.

5 CREA UNA NUEVA PALETA

Ve a **Paletas**, en el **disco de colores**, y toca el símbolo **+** para crear una nueva paleta. Cámbiale el nombre pulsando sobre la palabra «Sin título» y luego vuelve al **disco de colores** para ver tu paleta vacía.

6 TOMA UNA MUESTRA DE UN COLOR DE TU FOTOGRAFÍA

Para tomar una muestra de un color, mantén pulsado el dedo sobre un color de la foto. Si lo vas moviendo, verás los diferentes colores que puedes tomar como muestra. Cuando encuentres uno que te guste, levanta el dedo y el color quedará seleccionado. Deberías verlo en el **disco de colores**.

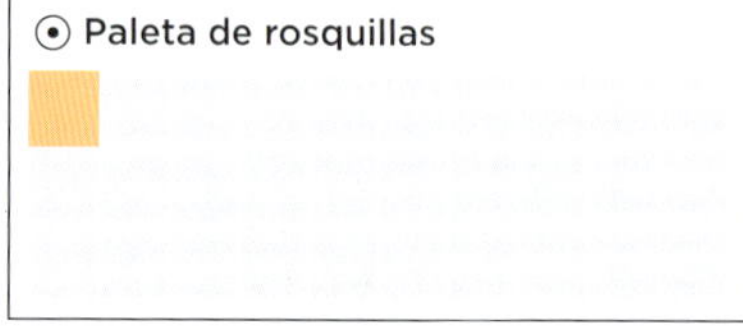

7 LLENA LA PALETA

Pulsa en el primer cuadrado de tu paleta para añadir la primera muestra de color. Después, repite los pasos para obtener otras muestras, seleccionado colores y pulsando en la paleta, hasta que tengas guardados todos los colores que desees.

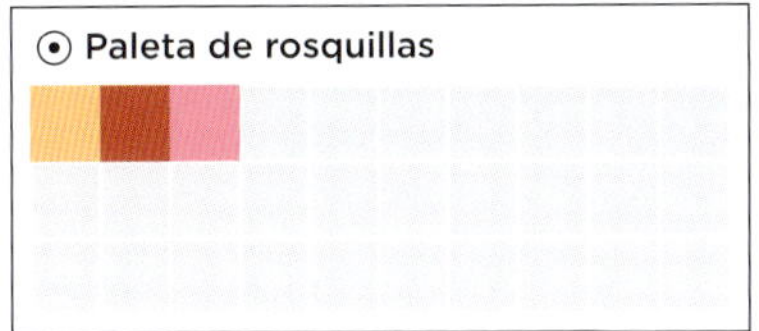

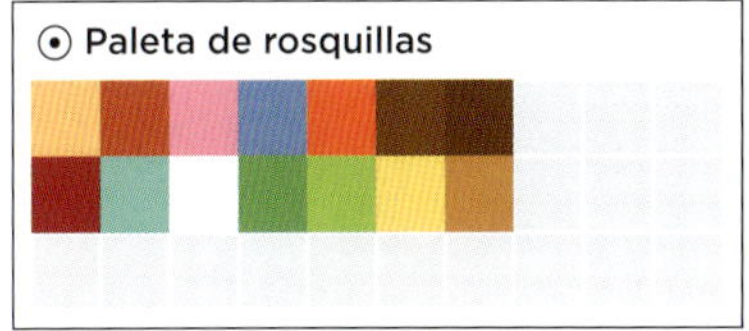

8 COLOREA EL DIBUJO

¡Ha llegado el momento de añadir color! Utilizando la paleta que has creado, pinta el dibujo siguiendo los pasos descritos en el capítulo «Dibuja y entinta tu bebida», probando varios pinceles hasta conseguir el grado de suavidad o textura deseado.

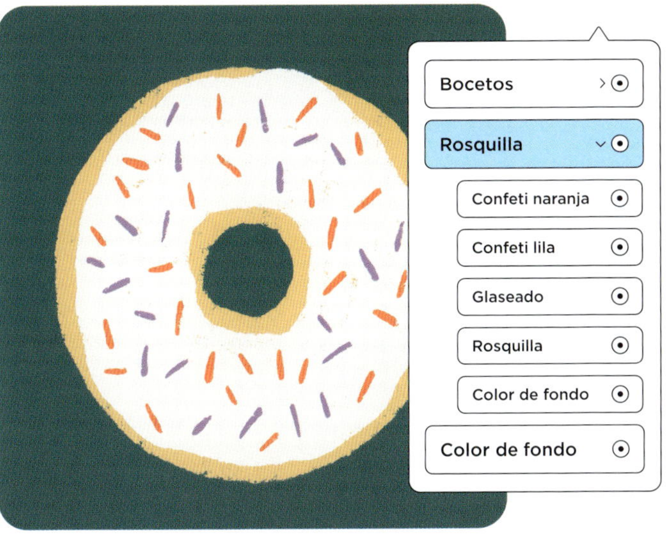

9 UTILIZA BLOQUEAR ALFA PARA ENTINTAR EL DIBUJO

Recuerda que puedes usar las funciones de **Bloquear alfa** y **Rellenar capa** que se han explicado en el proyecto anterior para cambiar los colores de las rosquillas, utilizando un tono de tu paleta o de una paleta totalmente distinta. En esta fase del proceso, es buena idea agrupar las capas entintadas para organizarte.

10 AÑADE OTROS COLORES A TU PALETA

Si descubres otros colores que podrían combinar bien en tu paleta, puedes añadirlos pulsando sobre uno de los cuadrados en blanco. Al crear ilustraciones, siempre es útil tener a mano una amplia gama de colores favoritos para tener opciones entre las que elegir, así que este es un buen momento para crear otras paletas con tonos que te gusten. Así podrás utilizarlas cuando trabajes los proyectos de este libro.

Sigue así

Crea una composición más interesante combinando varias rosquillas en el mismo lienzo. Duplica la rosquilla deslizando el dedo hacia la izquierda sobre el grupo de la rosquilla entintada y cambia el tamaño del grupo duplicado a una cuarta parte de su tamaño original: para ello, pulsa en la **herramienta para mover** y ajusta los **puntos de transformación** azules. Para ocultar el grupo de la rosquilla original, toca el símbolo de verificación en el **panel de Capas**. Tras cambiar el tamaño del grupo, duplícalo varias veces y recoloca cada rosquilla hasta obtener una composición de cuatro. Puedes cambiar los colores del glaseado y del confeti con la función de **Rellenar capa**.

El resultado final

4

HAZ UNA
llamada rápida

La mayoría de los ilustradores utilizan la herramienta QuickLine a diario, ya que permite crear formas rápidamente y acelera el proceso de trabajo. En este proyecto, utilizaremos QuickLine para dibujar un teléfono móvil con un sencillo reproductor de música.

Qué vamos a aprender:
A utilizar **QuickLine** para crear líneas rectas y formas interesantes

Pinceles:

Sketching Pencil

Rough Inking Worn Texture

Paleta:
Poolside Paradise

Robin Egg Blue #98f2f4
Faded Jade #347373
Cherry Blossom #ffb9bd
Watermelon Pink #ff6472
Seafoam Green #77f0b5
Eucalyptus #3d845f
Pale Green #9cf08c
Astroturf Green #395f36
Butterscotch Orange #ffad56
Pumpkin Skin #ad5a00
Dawn Pink #ffebe2
Coral Pink #f4947c
Lavender Ice Cream #eea8f2
Dark Lilac #a465aa

1 HAZ UN BOCETO PRELIMINAR

Siguiendo el proceso de hacer un boceto que has aprendido en el primer proyecto, dibuja un teléfono móvil trazando líneas sueltas para representar sus proporciones básicas.

2 DEFINE LAS LÍNEAS

Vuelve semitransparente el boceto preliminar utilizando el **control deslizante de la Opacidad** de la capa. A continuación, en una nueva capa, dibuja una línea y, antes de levantar el lápiz óptico, espera un momento. Verás que la línea se ajusta al lápiz y que puedes arrastrarla en círculo. Si sigues sin levantar el lápiz óptico y tocas la pantalla con un dedo de la otra mano, la línea se ajustará en un ángulo de 45°. Esto es especialmente útil en un proyecto como este, en el que quieres crear una forma rectangular. Tómate un tiempo para familiarizarte con el funcionamiento de **QuickLine**.

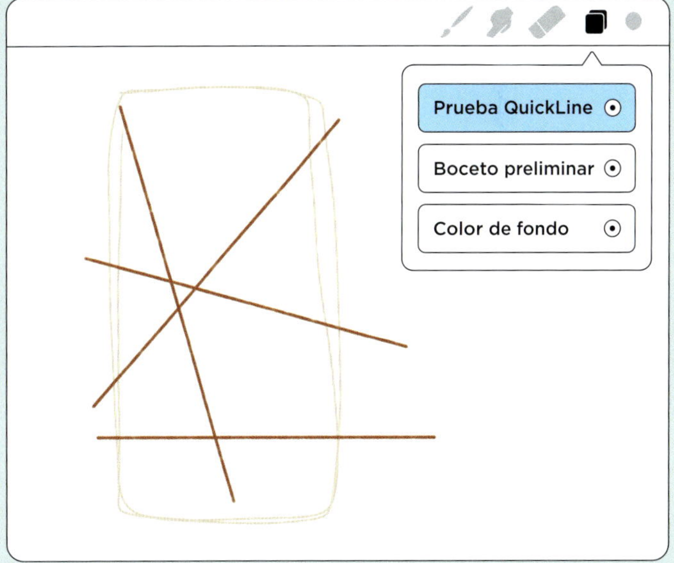

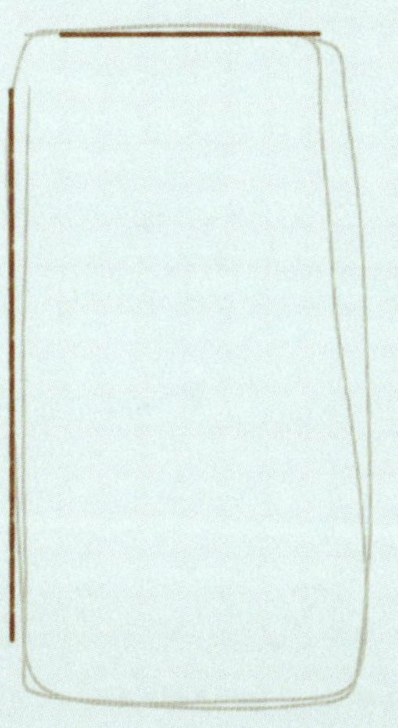

3 EMPIEZA A TRAZAR LAS LÍNEAS DEL TELÉFONO

A continuación, traza una línea vertical para crear uno de los lados del teléfono, y luego haz la parte superior.

4 CONECTA LAS LÍNEAS

Dibuja una curva suave para conectar las dos líneas que has trazado, luego ve al **panel de Capas**, desliza el dedo hacia la izquierda sobre esa capa y pulsa en **Duplicar**.

5 REPITE EL PROCESO Y VOLTEA LA IMAGEN

Pulsa la **herramienta para mover** y, después, en **Voltear horizontalmente** para obtener una imagen especular de los lados superior e izquierdo del teléfono. Puede que tengas que desplazar un poco la segunda capa para que el dibujo del teléfono tenga la anchura adecuada. A continuación, repite el proceso para crear la parte inferior del teléfono.

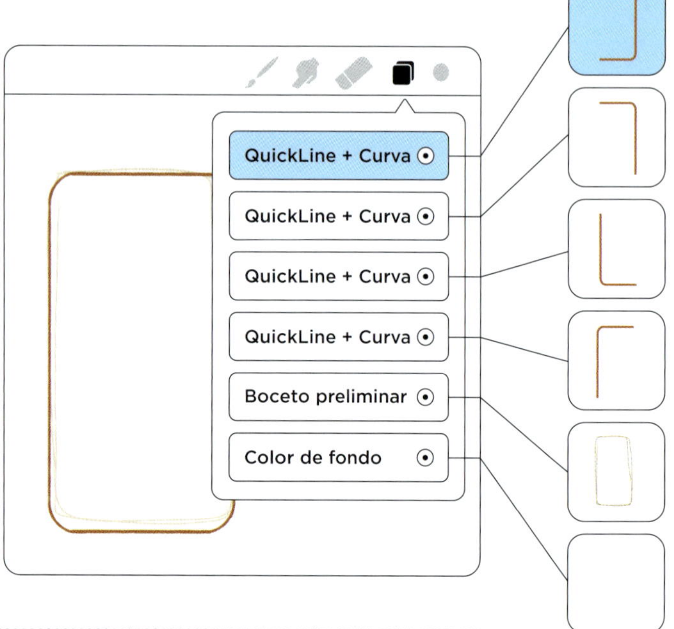

6 FUSIONA LAS CAPAS

Ahora puedes fusionar estas cuatro capas en una sola forma, pellizcándolas con los dedos en el panel de **Capas**, y luego crear otro boceto preliminar para trazar las partes restantes de la pantalla del teléfono. En este ejemplo, se trata del icono de una aplicación y de un reproductor de música, pero no dudes en poner en tu teléfono cualquier cosa que quieras compartir con el mundo.

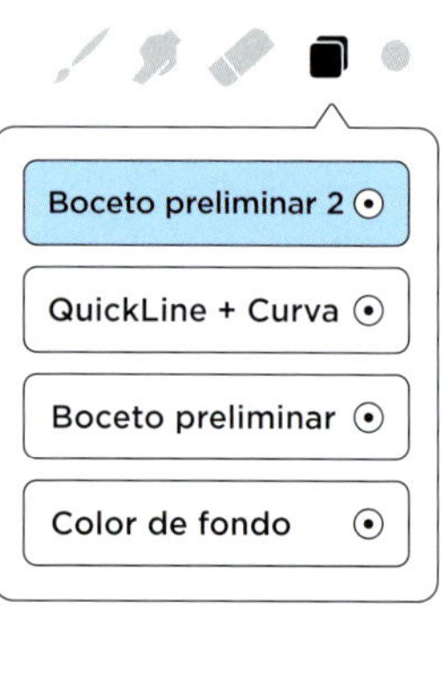

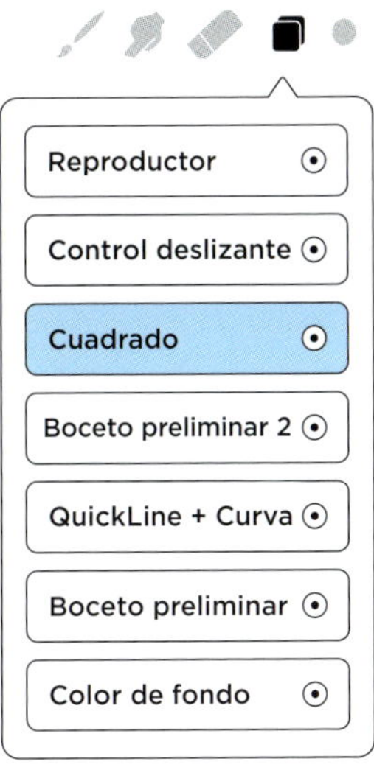

7 DEFINE EL BOCETO

Define el boceto utilizando la herramienta **QuickLine** del mismo modo que en los pasos anteriores. Por ejemplo, para que el cuadrado de la pantalla te quede perfecto, puedes dibujar solo una línea y luego duplicarla cuatro veces.

8 AÑADE LETTERING

Si quieres añadir algunas palabras a la pantalla del teléfono, primero puedes utilizar **QuickLine** para crear unas sencillas guías. Así luego las letras te quedarán alineadas.

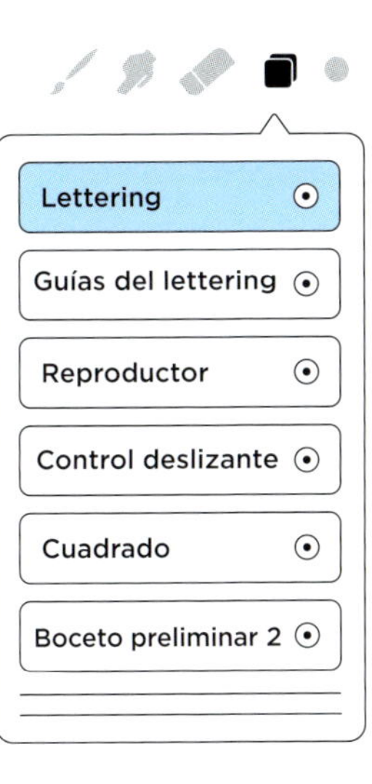

Consejo Cuando uno se inicia en el arte digital, una pregunta recurrente es: «¿cuándo tengo que crear una nueva capa?». Aquí tienes una frase fácil de recordar que te resultará útil: «color nuevo, capa nueva». Cada vez que añadas un nuevo color en el lienzo, cambia a una nueva capa. De este modo, siempre podrás volver atrás y ajustar el color sin que afecte a ninguna otra parte del dibujo.

9 CAMBIA LA COMPOSICIÓN

Entinta todas las capas tal como has hecho en los proyectos anteriores; recuerda que debes mantener cada nuevo color en su propia capa. Para hacer una composición más dinámica, pulsa en el grupo que contiene todas las capas entintadas, toca la **herramienta para mover** y luego desplaza la **barra de girar** para rotar el teléfono. También puedes añadir un color de fondo.

Libre | Uniforme | Distorsionar | Deformar

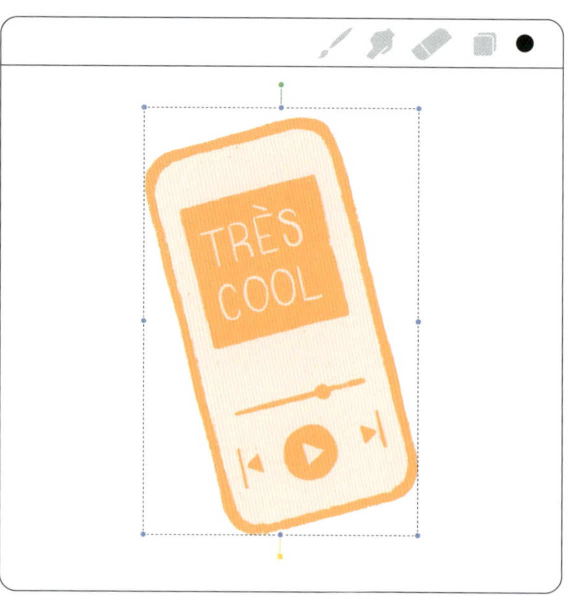

10 LOS TOQUES FINALES

Para añadir más elementos a la página, puedes utilizar la herramienta **QuickLine** o simplemente dibujarlos a mano. En el ejemplo, el cable de auricular aporta sensación de movimiento, mientras que el cuaderno de papel pautado y el lápiz dan a entender que el propietario del teléfono ha estado escribiendo. En el fondo, las líneas fluidas dibujadas a mano crean un efecto que recuerda a la textura de la madera. Cada elemento que agregues a la ilustración ayudará a contar la historia de la escena.

El resultado final

5

COMBINA colores florales

Al crear esta sencilla ilustración botánica de estilo antiguo, aprenderás a cambiar rápidamente el color de cualquier elemento de tus composiciones empleando una herramienta que permite crear versiones en color de una manera rápida y sencilla.

Qué vamos a aprender:
A cambiar rápidamente los colores utilizando la función de **Relleno de color**.

Pinceles:

Sketching Pencil

Fluid Ink

Paleta:
Funky Modern

Reddish Orange #ff4b18

Red Fox #d34925

Rose Bud #ffb09b

Dark Peach #d1725f

Mango Orange #df8000

Ginger Brown #9f5d00

Pink Pearl #ff9ce2

Neon Fuschia #ff54c2

Lake Mist Blue #d7dce7

Steel Blue #7297c9

Aqua Forest Green #6b9b78

Pine Green #3a5a44

Pale Violet #eda7fc

Amethyst Purple #ac4cc1

1 HALLA LA INSPIRACIÓN

Primero busca imágenes botánicas antiguas que puedas utilizar como referencia y elige dos plantas que te sirvan como inspiración para realizar un boceto. Lo ideal serían dos plantas diferentes con formas que contrasten entre sí: en el ejemplo, verás una flor grande con pétalos fluidos y otra con bayas pequeñas y redondas. Elegir dos formas muy distintas es una manera magnífica de añadir interés visual a tu ilustración.

2 DEFINE EL BOCETO

Crea un boceto más detallado, trabajando con un nuevo color y en una nueva capa. Indica las zonas en las que te gustaría añadir detalles, como las nervaduras de las hojas y los pétalos de las flores.

Tallo 2

Tallo 1

Color de fondo 2

Color de fondo

3 EMPIEZA A DAR COLOR

Añade un color de fondo y, después, entinta cada uno de los tallos de las plantas en capas separadas. Si trabajas con formas superpuestas, como es el caso de los tallos, es una buena idea que uses dos colores muy distintos para pintarlas; de este modo, podrás ver fácilmente la diferencia entre ambas. Aquí se ha utilizado el pincel Fluid Ink del **Brush Sampler** para conseguir un efecto suave y fluido, pero puedes emplear el pincel que desees.

4 COLOREA LAS FLORES Y LAS BAYAS

Repite el proceso del paso 3, pero esta vez para pintar las flores y las bayas. Elige colores llamativos que contrasten con los de los tallos para que los diferentes elementos no se mezclen. Como las flores y las bayas son los elementos principales de la composición, asegúrate de elegir un color que las haga destacar.

5 DIBUJA ALGUNOS DETALLES

Marca los detalles, como las nervaduras y las separaciones entre los pétalos de las flores, en capas separadas. En este paso puedes añadir muchos o pocos detalles, lo que prefieras. Puede que las ilustraciones muy detalladas llamen la atención en Internet y al imprimirlas, pero las ilustraciones sencillas también son fascinantes y fáciles de vender, así que tómate tu tiempo para encontrar el nivel de detalle que mejor se adapte a tu estilo y a tus preferencias.

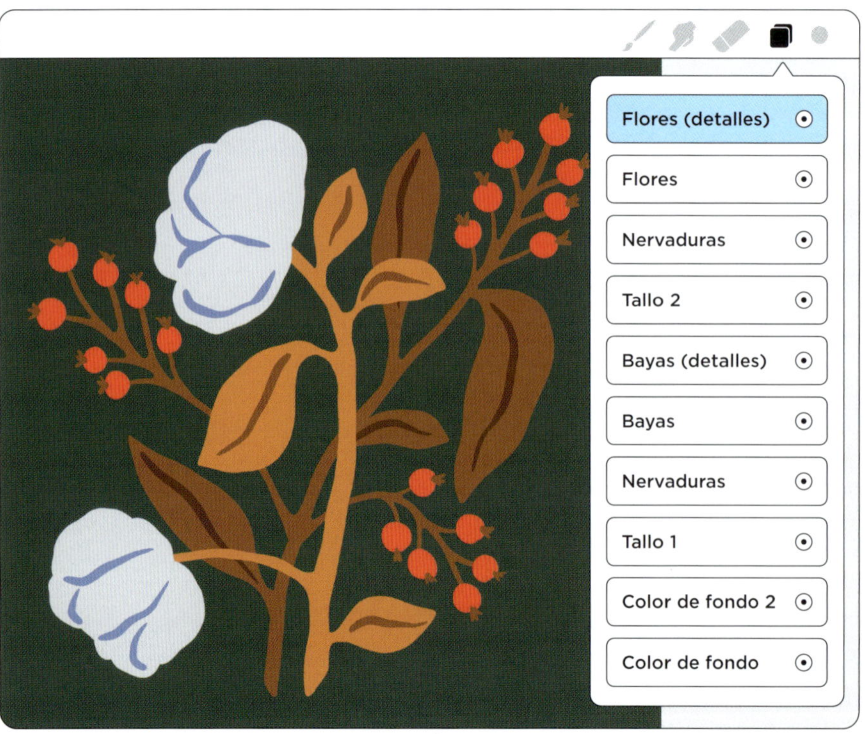

6 ACTIVA EL RELLENO DE COLOR

Para activar la función de **Relleno de color**, pulsa en cualquier capa, luego en el menú de **Selección** y, por último, en **Relleno de color**. Ahora que la herramienta está activada, cualquier forma que selecciones se rellenará de color automáticamente (ten esto en cuenta si en el futuro tienes algún problema al seleccionar elementos, ya que tendrás que desactivar la función de **Relleno de color** cuando no quieras utilizarla).

Automático | Forma libre | Rectángulo | Elipse

Añadir | Restar | Invertir | Copiar y pegar | Suavizado | Guardar y cargar | Relleno de color | Borrar

7 UTILIZA EL RELLENO DE COLOR PARA CAMBIAR LOS COLORES

A continuación, abre el **panel de Capas**, pulsa sobre una de las capas de las flores y, después, en **Seleccionar**. La flor debería volverse del color seleccionado en el **disco de colores**.

8 EXPERIMENTA CON DIFERENTES COMBINACIONES DE COLORES

Selecciona diferentes colores de la paleta o del **disco de colores** y observa cómo cambia el color de las flores. Puedes intentar crear una combinación de alto contraste (como rosa claro y verde oscuro) o de bajo contraste (como azul claro y rosa claro). No hay una «manera correcta» cuando se trata de combinar colores: siempre es una cuestión de gustos y de estilo personal.

9 CREA MÚLTIPLES COMBINACIONES

Ahora puedes cambiar rápidamente el color de cada capa de tu documento. Este método permite ahorrar tiempo en comparación con la función de **Rellenar capa**, que implica hacer más pulsaciones para cada cambio de color. Aunque esto ahora tal vez no te parezca importante, cuando estés creando grandes lotes de ilustraciones de forma habitual, ahorrar unos minutos aquí y allá supondrá una gran diferencia en tu productividad general y reducirá el número de pasos que debes dar para llegar a tu objetivo final.

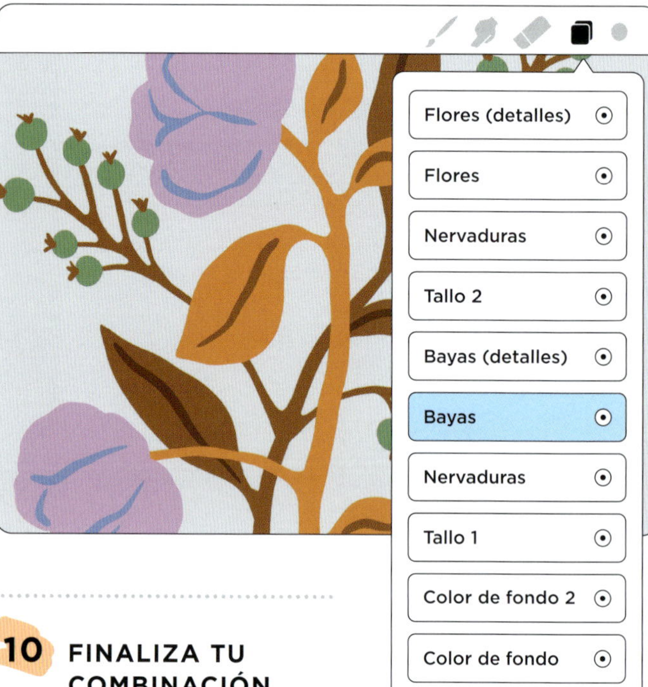

10 FINALIZA TU COMBINACIÓN

Repite este paso con todos los elementos de tu composición hasta que estés satisfecho con la combinación de colores.

Sigue así

Duplica el documento: para ello, ve a tu Galería, pulsa en **Seleccionar** y, después, en **Duplicar**. Ahora puedes crear otra versión de la ilustración con colores completamente diferentes: haz al menos tres o cuatro versiones con distintas combinaciones de colores. Tener a mano una serie de versiones diferentes es útil para compartir en línea, trabajar con clientes y vender en tiendas y en Internet.

El resultado final

6

DISEÑA UN SELLO POSTAL con texturas

En este proyecto no te limitarás a utilizar pinceles básicos, sino que también profundizarás en los efectos realistas y en la superposición de pinceladas. Vas a diseñar un sello postal. Elige un motivo sencillo, como una rama con frutas, para que puedas concentrarte en entender cómo funcionan los pinceles.

Qué vamos a aprender:
A utilizar pinceles realistas.

Pinceles:

Paleta:
50s Motel

- Cotton Candy Pink #ff90be
- California Neon Pink #ff005b
- Mint Gum Green #34c494
- Deep Sea Green #063420
- Mustard Yellow #dbae00
- Earthy Stone Yellow #917400
- Vanilla Cream White #fff4d4
- Pebble Path White #c0b28d
- Lavender Haze #dad7e7
- Mochi Purple #746a99
- Creamsicle Orange #f9aa12
- Burnt Toast Orange #9d6900
- Lilac Purple #d9a9e3
- 90s Nails Purple #7e5884

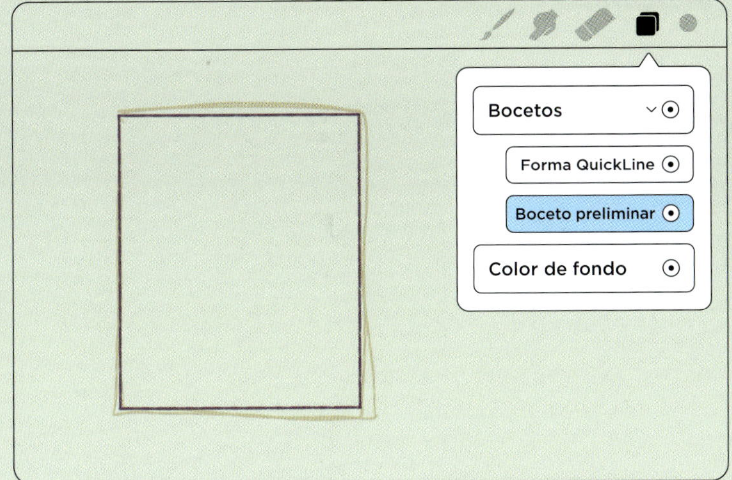

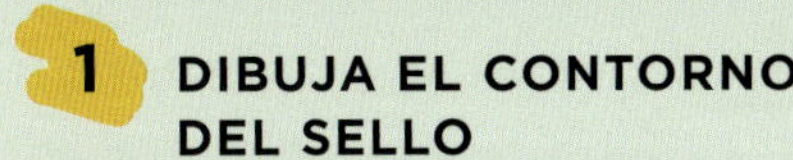

1 DIBUJA EL CONTORNO DEL SELLO

Empieza haciendo un boceto de un rectángulo que tenga una altura y una anchura parecidas a las de un sello de correos estándar. Recuerda que puedes buscar imágenes de referencia de sellos para inspirarte a la hora de crear el borde y la inclinación del sello. A continuación, utiliza **QuickLine** para dibujar un rectángulo perfecto.

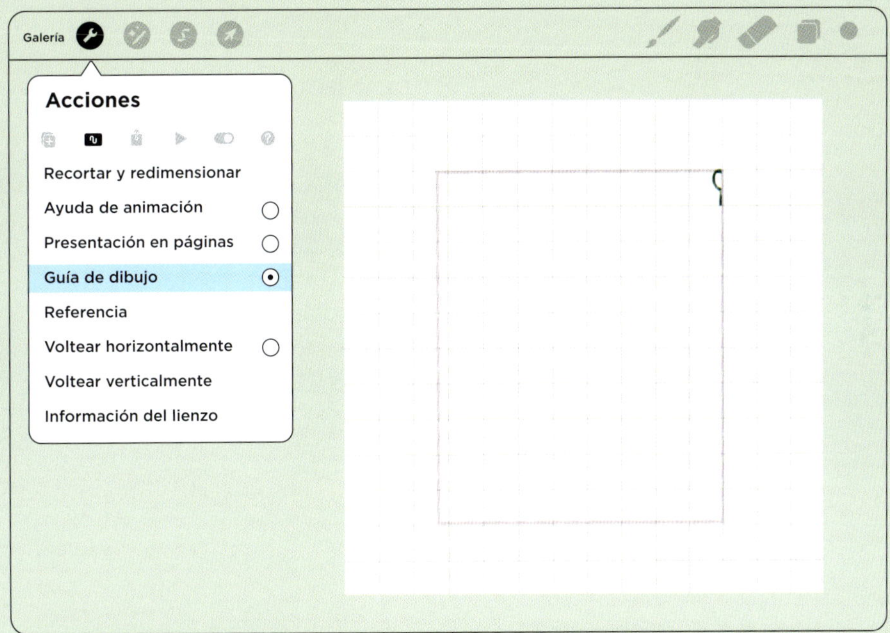

2 DIBUJA LA PERFORACIÓN DEL BORDE Y ACTIVA LA CUADRÍCULA

Dibuja una parte del borde perforado del sello y luego, para igualar las perforaciones restantes, activa la cuadrícula pulsando en el **menú de Acciones** y, después, en **Lienzo**. A continuación, activa la **Guía de dibujo** y pulsa en **Editar guía de dibujo**.

3 AJUSTA LA CUADRICULA

Con el **control deslizante del Tamaño de la cuadrícula**, ajusta la cuadrícula de manera que la forma del borde perforado quepa en un bloque. Ajusta el tamaño y la colocación del borde perforado y, si fuera necesario, del rectángulo para que la perforación quepa en un cuadrado y quede un número par de cuadrados en el lado del sello.

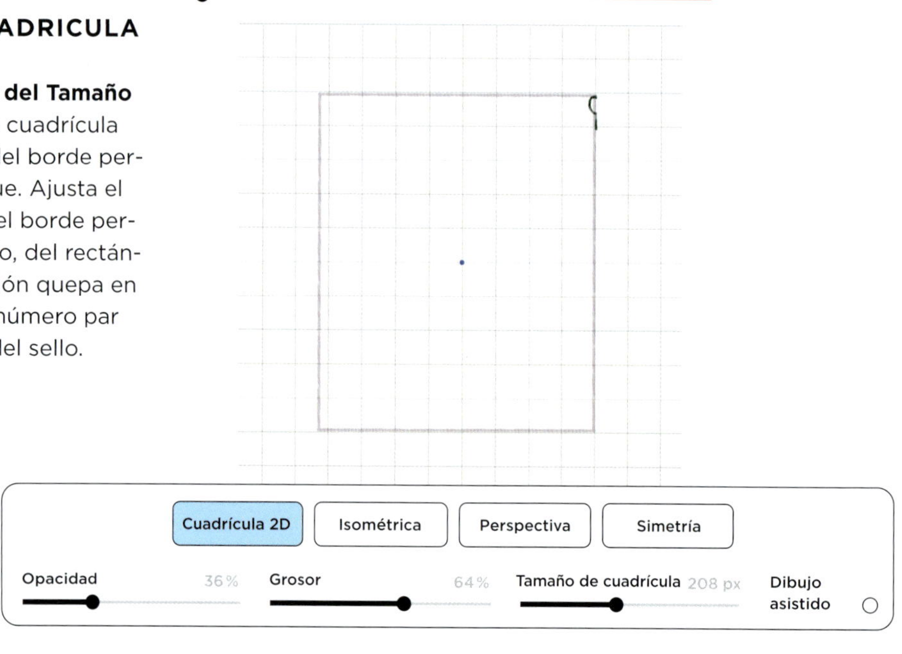

4 COMPLETA EL BORDE DEL SELLO

Duplica la forma de la perforación hasta completar todo un lado del sello. Desactiva la cuadrícula: para ello, pulsa en **Acciones**, luego en **Lienzo** y desactiva el **control deslizante de la Guía de dibujo**. Después, duplica el borde perforado y gíralo pulsando en la **herramienta para mover** y luego en **Girar**. Duplica el borde perforado que has creado, colócalo en su lugar correspondiente para completar los cuatro bordes del sello y, si fuera necesario, borra las partes que sobren. Recuerda que puedes fusionar todas las capas de perforación pellizcándolas en el **panel de Capas**.

5 AÑADE EL MOTIVO DEL SELLO

Utiliza **QuickLine** para crear el recuadro interior del sello y luego dibuja el motivo que hayas elegido (en este caso una rama con limones). También puedes dar rienda suelta a tu creatividad y crear una composición más experimental.

6 EMPIEZA A AÑADIR COLOR

Pulsa el pincel Dark Gouache Glaze o el Dry Gouache y empieza a colorear las formas. Debajo de la primera capa de hojas, se ha aplicado un tono ligeramente más oscuro de «témpera» para conseguir los mismos cambios sutiles de color que verías en una verdadera pintura con témpera.

7 HAZ REFLEJOS EN LOS LIMONES

Una vez que hayas rellenado todas tus formas, activa la función de **Bloquear alfa** de cada capa pulsando sobre la capa y luego en **Bloquear alfa**. Esto evitará que pintes fuera de la forma y te permitirá añadir capas de color sin salirte de la forma del limón. Selecciona un color más claro que el original y aplícalo con el pincel Dry Gouache. Puedes seguir haciendo capas de tonos más claros o más oscuros, o bien elegir un color totalmente distinto para conseguir un acabado en dos tonos.

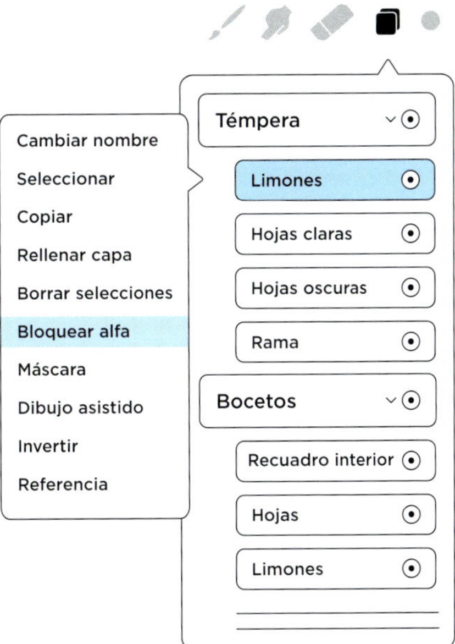

8 DEFINE LAS HOJAS

Repite el mismo proceso en las formas de las hojas o simplemente trázales las nervaduras con el pincel Dry Gouache. Asimismo, añádeles algunos tonos más claros con la función de **Bloquear alfa** activada, tal como has hecho con los limones.

9 EXPERIMENTA CON LA FUNCIÓN DE RELLENO DE COLOR

Utiliza la función de **Relleno de color** para cambiar los colores. Experimenta para ver cuáles funcionan mejor. Recuerda que puede ser muy útil producir varias versiones de tu ilustración. Para terminar la composición, continúa el proceso de entintado coloreando el fondo de la ilustración y el recuadro de detrás del motivo. Puedes dejar simplemente el motivo o bien optar por añadir un precio para darle un toque más auténtico.

10 TERMINA EL FONDO

Prueba varios colores y diferentes cantidades de capas de témpera para ver qué se adapta mejor a tu estilo personal. Puede que descubras que prefieres dar solo unas leves pinceladas de témpera o bien aplicar muchas capas superpuestas. En este ejemplo, he añadido un trazo de témpera de un tono más claro a toda la composición, incluidos el fondo y el borde del sello. ¿Te gusta el aspecto general de la témpera o prefieres los matices sutiles de la composición original? Es un buen momento para hacer pruebas y conocer mejor tus gustos.

El resultado final

7

CREA UN ESTAMPADO de estrellas

Crear sellos en Procreate es una manera excelente de guardar elementos o formas que hayas dibujado y que quieras reutilizar: significa que puedes acceder fácilmente a «recursos» que hayas creado antes. Aquí aprenderás a realizar una composición sencilla con sellos que tú mismo crearás.

Qué vamos a aprender:
A hacer pinceles de sellos.

Pinceles:

Fluid Ink

Dot Stamp

Pencil Taps Texture

Paleta:
Poolside Paradise

Robin Egg Blue #98f2f4
Faded Jade #347373
Cherry Blossom #ffb9bd
Watermelon Pink #ff6472
Seafoam Green #77f0b5
Eucalyptus #3d845f
Pale Green #9cf08c
Astroturf Green #395f36
Butterscotch Orange #ffad56
Pumpkin Skin #ad5a00
Dawn Pink #ffebe2
Coral Pink #f4947c
Lavender Ice Cream #eea8f2
Dark Lilac #a465aa

1 HAZ UN BOCETO DE UNA COMPOSICIÓN SENCILLA CON LUNAS Y ESTRELLAS

Primero haz un boceto de la composición. Piensa bien dónde colocarás las lunas. También podrías dibujar solo una luna en una esquina en lugar de en el centro para crear una composición asimétrica y luego distribuir las estrellas por el lienzo. Intenta evitar que queden varias estrellas alineadas, ya que eso puede dar lugar a una composición aburrida. En vez de ello, distribuye las estrellas aleatoriamente para dar a tu dibujo una sensación de fluidez.

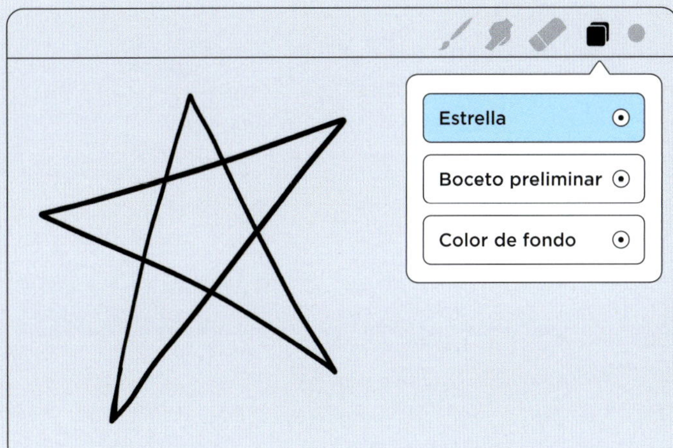

2 DIBUJA LA FORMA DEL SELLO

Primero haremos la forma del sello. Haz invisible la capa del boceto y selecciona un negro puro en el **disco de colores** pulsando dos veces en la zona negra. Los sellos deben hacerse con blanco y negro sobre un lienzo cuadrado para que luego puedan utilizarse correctamente. Con el pincel Fluid Ink, dibuja una forma de estrella precisa o no, como desees.

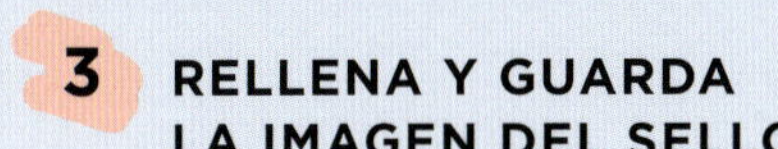

3 RELLENA Y GUARDA LA IMAGEN DEL SELLO

Con la función de **Repintado**, arrastra el negro del **disco de colores** al interior de la forma para rellenarla totalmente. Guarda la imagen como JPEG pulsando en el **menú de Acciones**, luego en **Compartir** y elige **JPEG** como tipo de imagen. Ahora tu estrella negra está guardada en el **Galería de fotos** de tu iPad, así que puedes ir a la **Biblioteca de pinceles** e insertar el dibujo en un pincel de sellos.

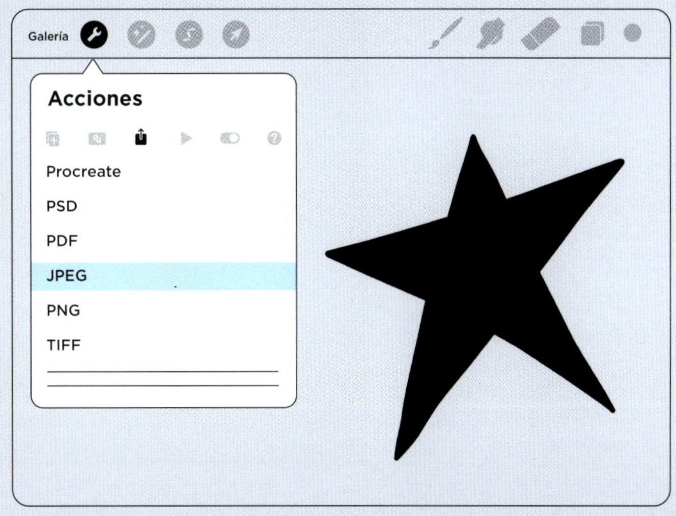

4 CREA TU SELLO

Para crear tu pincel de sellos, primero pulsa sobre el pincel Star Stamp, ya existente en el **Brush Sampler**, luego desliza el dedo sobre él hacia la izquierda y pulsa en **Duplicar** para hacer una copia del motivo. El duplicado se convertirá en tu sello de estrella personalizado y podrás usarlo una y otra vez para insertar diferentes formas en tu lienzo.

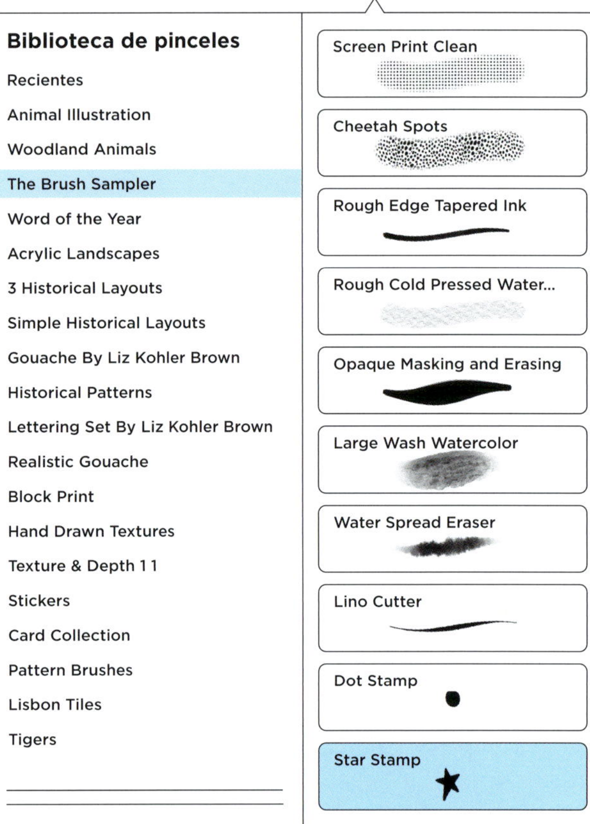

5 SELECCIONA TU ESTRELLA

Pulsa el pincel en la **Biblioteca de pinceles** para abrir el menú de ajustes del pincel. Dale a **Forma** y luego a **Editar**. Esto te llevará a un menú en el que podrás insertar tu propia forma, en este caso una estrella.

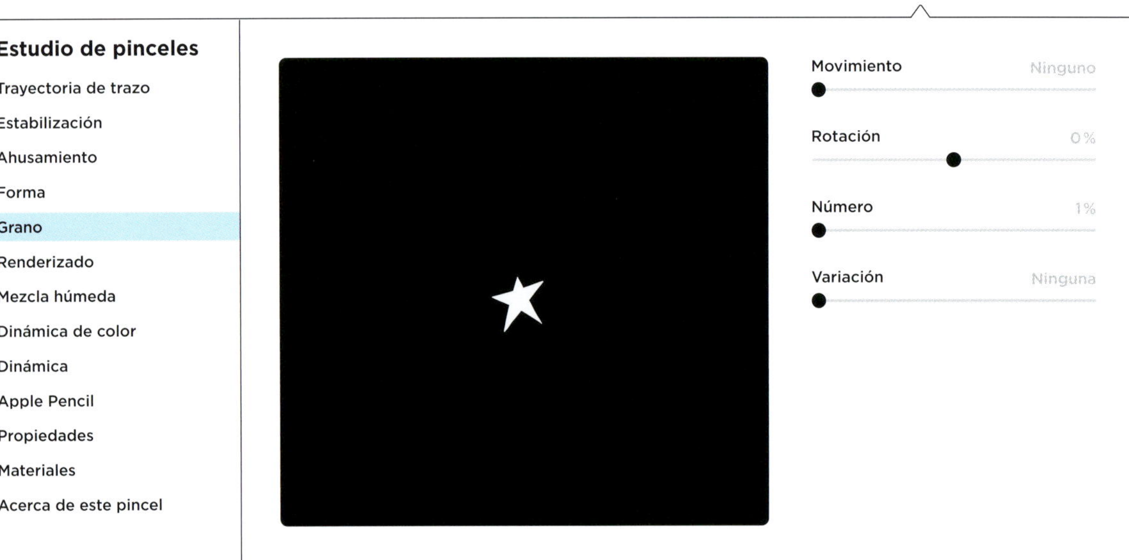

6 IMPORTA TU SELLO

Pulsa en **Importar**, luego en **Importar una foto** y, a continuación, selecciona el JPEG del dibujo de tu estrella en la **Galería de fotos**. Esto sustituirá la estrella existente (que estaba en el **Brush Sampler**) por la que has creado. Ahora ya tienes tu propio sello para estampar estrellas 100 % único.

7 GUARDA Y UTILIZA TU SELLO

Pulsa **OK** para guardar tu pincel y cerrar la **Biblioteca de pinceles**, luego elige un color y pulsa en el **Lienzo** para que aparezca tu sello.

8 EXPERIMENTA CON TU SELLO

Prueba a cambiar el tamaño del sello hasta que tenga el tamaño ideal para tu composición y úsalo para rellenar tu boceto preliminar. Podrías colocar cada estrella en su propia capa para poder redimensionar, voltear o girar cada una como mejor te parezca.

9 DA LOS TOQUES FINALES

Fusiona todas tus capas de las estrellas en una sola capa pellizcándolas. Para terminar la composición, entinta las lunas y añade un color de fondo. Si quieres terminar de llenar el lienzo, puedes utilizar el pincel Dot Stamp o crear otra forma de estrella diferente.

10 AÑADE TEXTURA

Si lo deseas, puedes seleccionar el pincel Pencil Taps Texture del **Brush Sampler** y pasarlo por toda la composición para añadir una textura interesante al fondo.

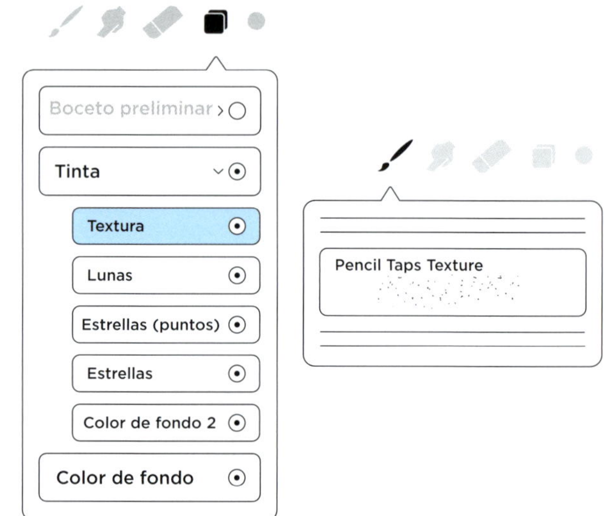

Sigue así

Ahora que ya sabes cómo crear sellos, ¿por qué no haces una selección con las formas que más te gusten? Puedes incluir símbolos sencillos como estrellas, puntos y corazones, pero también elementos más complejos, como la firma para añadir a tus ilustraciones o las letras del alfabeto.
Aquí tienes algunos de mis sellos. Los sellos no solo podrás utilizarlos en tus ilustraciones, sino que también puedes venderlos y generar una gran actividad comercial. Así que, si te encanta hacer sellos, puede que haya llegado el momento de que explores a fondo todas las posibilidades que ofrecen.

El resultado final

8

HAZ UNA CÁMARA de fotos antigua

Los ajustes del Modo de fusión permiten mezclar y filtrar capas entre sí para crear interesantes efectos con imágenes superpuestas. En este proyecto experimentaremos con la superposición de colores en un estilo de serigrafiado utilizando los Modos de fusión.

Qué vamos a aprender:
A utilizar los **Modos de fusión** y a ajustar los pinceles.

Pinceles:

Sketching Pencil

Fluid Ink

Screen Print Clean

Paleta:
Midnight Desert

- Hot Sun Yellow #ffc500
- Earthy Desert Yellow #ab7e00
- Buff Pink #ffc1ce
- Prom Dress Pink #b0707e
- Orange Sherbert #ff7c50
- Rusty Orange #ab3d17
- Electric Pink #ff3fc4
- Raspberry Pink #be0d7d
- Hazy Sky Blue #97aedc
- Deep Waters Blue #415888
- Ginkgo Leaf Green #69766b
- Aloe Plant Green #2d4934
- Lavender Purple #c1abf3
- Dark Iris Purple #210439

PUNTERO EN FORMA DE CRUZ

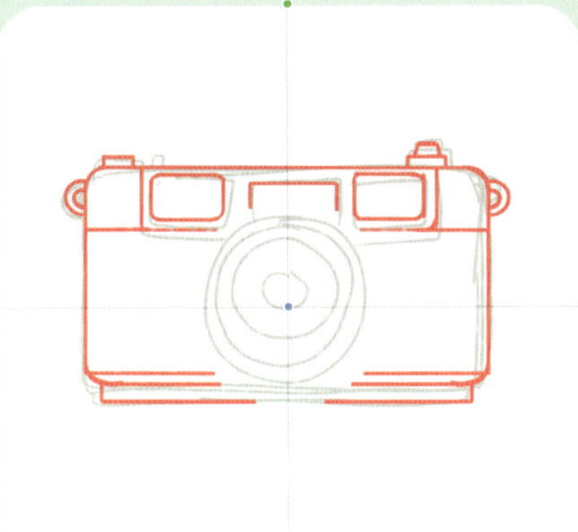

Haz un boceto preliminar de la cámara guiándote con una imagen de referencia. Cuando definas el boceto, puedes utilizar la herramienta **QuickLine** para dibujar los bordes rectos, pero hay una parte de la cámara que requiere el uso de guías para su correcta construcción: los círculos concéntricos del objetivo. Para que estos círculos queden bien alineados, activa primero la **Guía de dibujo** en el **menú de Lienzo** y, a continuación, aumenta el **Tamaño de cuadrícula** al **Max**, de modo que solo tengas el puntero en forma de cruz en el lienzo.

2 DIBUJA UNOS CÍRCULOS

Cuando dibujes cada círculo en una nueva capa, utiliza el puntero en forma de cruz para asegurarte de que los círculos concéntricos quedan alineados a lo largo del eje central de la lente. Para hacer un círculo perfecto, crea una nueva capa, traza un círculo lo mejor que puedas y, antes de levantar el lápiz, espera un momento mientras **QuickShape** mejora el círculo. Si mantienes pulsado un dedo mientras mantienes el lápiz óptico en la pantalla, el círculo se convertirá en un círculo perfecto.

COLOCA LOS CÍRCULOS PARA CREAR EL OBJETIVO

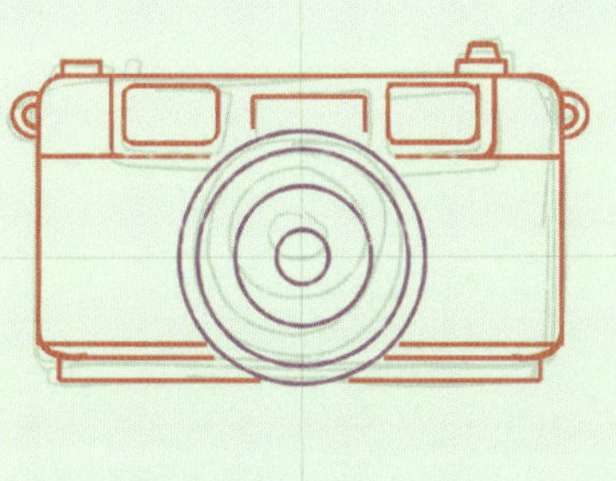

Repite el proceso con todos los círculos, colocando cada uno en su propia capa y utilizando la **herramienta para mover** para cambiar el tamaño o ajustar la posición. Usa el puntero en forma de cruz de las guías para alinear los puntitos azules de cada círculo. Cuando hayas acabado, desactiva la **Guía de dibujo** en el **menú de Lienzo** para evitar que el puntero interfiera en la ilustración.

4 TERMINA LA COMPOSICIÓN

Ahora, podrías inclinar la cámara para obtener una composición más interesante o simplemente dejarla en el centro del lienzo. También puedes añadir una correa y fusionar todas las capas del boceto ya definido para mantener tu **panel de Capas** organizado.

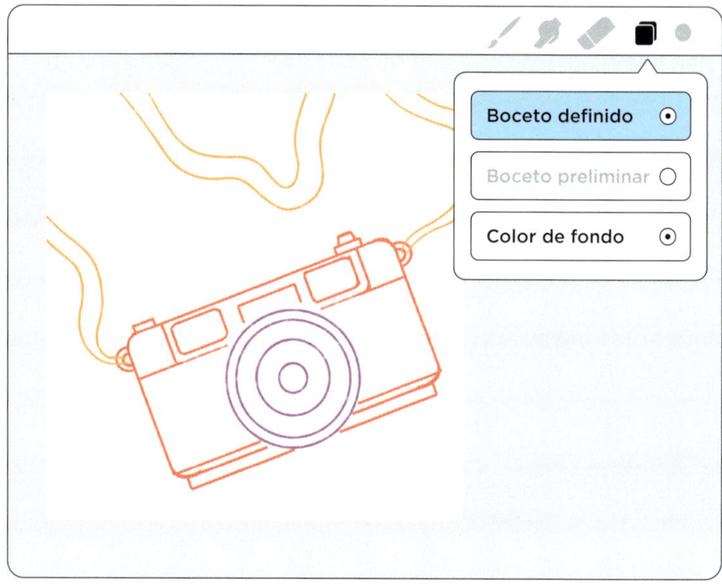

5 DALE COLOR

A continuación, utiliza el pincel Fluid Ink para colorear cada parte de la cámara en su propia capa. Recuerda que, en esta fase, no debes preocuparte demasiado por elegir los colores, ya que puedes experimentar con ellos más adelante.

6 AÑADE EL EFECTO DE SERIGRAFÍA

Abre el **Brush Sampler** y selecciona el pincel Screen Printed Clean Texture. Trabajando en una capa nueva, pasa el pincel por encima de toda la ilustración utilizando cualquier color. Es esencial que esta capa esté por encima de todas las otras capas entintadas, así que asegúrate de arrastrarla a la parte superior de la carpeta. Sí, ahora tiene un aspecto horrible, pero descubrirás la importancia de esta fase tan antiestética en el siguiente paso.

7 ACTIVA EL MODO DE FUSIÓN

A continuación, utilizaremos un **Modo de fusión** en esta capa para empezar a cambiar la manera en que afecta a las capas de debajo. Para activar un **Modo de fusión**, pulsa en la capa y, después, toca el símbolo **N** que hay junto al nombre de la capa.

8 ELIGE TU MODO DE FUSIÓN

La capa está actualmente configurada como **Normal** (eso es lo que significa la **N**), pero puedes deslizar el dedo arriba y abajo para elegir diferentes **Modos de fusión**. Pruébalos para ver cómo transforman la ilustración. Aquí se ha seleccionado la opción **Subexponer color**, pero utiliza la que mejor se adapte a tu estilo. Ten en cuenta que el color original de tu textura decide el color del resultado del **Modo de fusión**, así que puedes experimentar con el color de tu textura original para ver aún más opciones.

Multiplicar
Oscurecer
Subexponer color
Subexposición lineal
Color más oscuro
Normal
Aclarar

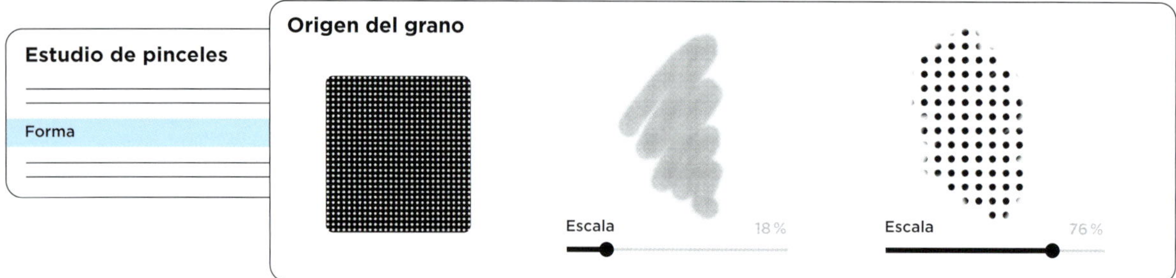

9 AJUSTA LA TEXTURA

También puedes ajustar la escala de la textura. De este modo, si los puntos son demasiado grandes o demasiado pequeños, podrás modificarlos: para ello, pulsa en el pincel para abrir el **menú de Ajustes de pincel**, ve a **Grano**, ajusta el **control deslizante de la Escala** y dale a **OK**. En los ejemplos verás dos escalas muy diferentes. Cada una producirá resultados distintos, y merece la pena que pruebes ambas sobre el dibujo de tu cámara.

Consejo Duplica los pinceles antes de hacer cambios en ellos para evitar perder la configuración original. Experimenta con la configuración del pincel todo lo que quieras, pero intenta no perder la original por si quieres volver a ella.

10 LLEVA EL CONCEPTO AÚN MÁS LEJOS

Para llevar el «concepto de serigrafía» aún más lejos, puedes duplicar partes de tu cámara, luego utilizar la **herramienta para mover** para desplazarlas ligeramente y aplicar un **Modo de fusión** en ellas (el mismo u otro). Cuando combinamos las opciones de color, textura y **Modos de fusión**, tenemos a nuestro alcance literalmente un número ilimitado de estilos.

Sigue así

Es un buen momento para profundizar en la superposición de texturas serigrafiadas y el cambio de colores. ¿Por qué no añades otra capa de la textura serigrafiada para ver cómo se superpone a la primera, y desplazas más capas de la cámara para obtener una composición con aún más capas?

El resultado final

9

CREA UNA
imagen pintoresca

En este proyecto profundizaremos en las herramientas de dibujo de Procreate que ayudan a crear formas rápidamente. Estas herramientas te harán ahorrar tiempo y te permitirán concentrar tu energía en crear más ilustraciones.

Qué vamos a aprender:
A utilizar **QuickShape** para crear formas geométricas.

Pinceles:

Sketching Pencil

Rough Inking Worn Texture

Paleta:
Muted Retro

Tomato Red #ff3100

Red Wine #981200

Cornflower Blue #597ce9

Blue Jay Blue #283c77

Glacier Blue #e0e4ea

Mountain Mist Blue #8799ad

Buttermilk Yellow #efb233

Oak Brown #916800

Dark Pastel Purple #917dbd

Plum Purple #493a62

Avocado Green #b1a450

Pickled Bean Green #595221

Flamingo Pink #f8abab

Valentine Red #e9605c

1 CREA ALGUNAS MINIATURAS

Primero elige la ubicación de la ventana. Puede ser la ciudad en la que vives o un sitio que desees visitar. Haz capturas de pantalla de tus lugares favoritos para guardarlos como material de consulta. Ahora pasaremos a la fase de boceto, pero esta vez utilizaremos miniaturas. Las miniaturas son pequeños bocetos que son variaciones sobre una misma idea y sirven para probar diferentes opciones antes de decidirse por un dibujo determinado. Empieza haciendo una cuadrícula sencilla en el lienzo y luego rellena cada cuadrado con una idea diferente.

2 ELIGE TU COMPOSICIÓN

¿Qué composición crees que quedará mejor? Si no estás seguro, elige la que más te entusiasme. Vuelve a tu **Galería**, pulsa en **Seleccionar** y, a continuación, en **Duplicar** para duplicar el documento. Si lo duplicas tres veces, tendrás lienzos preparados para desarrollar las cuatro ideas.

3 CAMBIA EL TAMAÑO DE LA MINIATURA

Abre el dibujo original, fusiona todas las capas de la miniatura en una sola capa pellizcándolas y usa la **herramienta para mover** para cambiar el tamaño de la composición elegida. Esta miniatura se ha convertido ahora en tu boceto preliminar, así que ya puedes tachar este paso de tu lista de tareas pendientes.

4 CREA EL DIBUJO

Utiliza **QuickLine** y **QuickShape** para dibujar. Pero, en lugar de crear toda la ventana, haz solo la mitad y luego duplícala y voltéala para obtener la otra parte. **QuickShape** detecta lo que quieres dibujar y te ayuda a hacerlo más deprisa y con mayor precisión. Cuando actives **QuickShape**, verás que aparece una barra de texto en la parte superior de la pantalla. Este menú te permitirá elegir entre varias formas. Si **QuickShape** no te funcionara, puedes utilizar **QuickLine** para crear las formas desde cero.

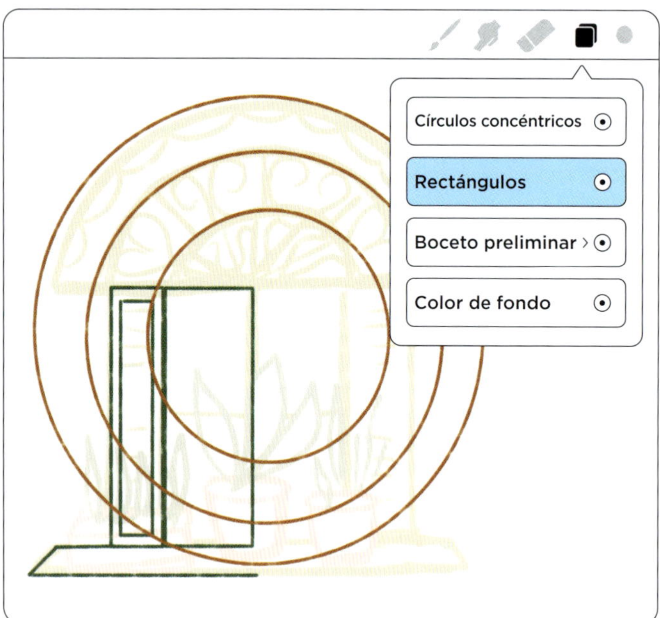

5 CREA LA FORMA DE LA VENTANA ARQUEADA

La ventana arqueada de este ejemplo se ha creado dibujando círculos concéntricos, como con el objetivo del proyecto de la cámara serigrafiada. Después, se ha borrado la mitad inferior de los círculos. Si tu ventana incluye un arco, puedes trabajar de este modo para acelerar tu proceso de trabajo.

Consejo Otra técnica que permite ahorrar tiempo consiste en duplicar elementos que se repiten en el lienzo. El boceto de los barrotes de hierro de esta ventana se repite cuatro veces en el arco, pero solo es necesario dibujar la forma una vez, ya que luego puedes deslizar la capa a la izquierda en el **panel de Capas**, pulsar en **Duplicar** y, después, mover el duplicado a su posición correcta.

6 DUPLICA LA MITAD DE LA VENTANA

Una vez esbozada la mitad de la ventana, es el momento de duplicarla y recolocar el duplicado. Primero fusiona las capas de los bocetos en una sola capa, desliza el dedo sobre la capa hacia la izquierda en el **panel de Capas**, pulsa en **Duplicar** y luego en la **herramienta para mover**. Antes de mover el objeto, activa la función de **Imán** en la **herramienta para mover**. Esto «bloqueará» la ilustración a lo largo de las líneas de los ejes vertical y horizontal.

Ajustes
Imán
Ajuste

Libre | Uniforme | Distorsionar | Deformar

Ajuste | Voltear ↔ | Voltear ↕ | Girar 45° | Ajustar al lienzo | Bilineal | Restablecer

7 TERMINA EL BOCETO

Para terminar el boceto, esboza las macetas con las plantas y añade cualquier otro detalle que te gustaría poner en el alféizar. A continuación, reduce la opacidad de las capas del boceto para poder pasar a la fase de entintado.

8 PÍNTALO

Entinta el dibujo con el pincel que desees (en este ejemplo se ha utilizado el pincel Rough Inking Worn Texture) y experimenta con distintas técnicas de entintado y con versiones de diferentes colores. Puedes dejar la ventana así o añadir más detalles para darle más vida, como un pájaro, otro tipo de animal o incluso una persona asomándose por la ventana. Aquí pondremos un gato sentado en el alféizar. Para ello, busca una imagen que te sirva de referencia y, a continuación, crea un boceto preliminar haciendo la forma del gato a partir de grandes formas geométricas.

9 DEFINE EL BOCETO DEL GATO

Crea una capa para el boceto definido y añade más detalles al cuerpo del gato. Si tienes problemas para perfilar los rasgos o las proporciones del cuerpo, crea unas cuantas capas de boceto más hasta que estés satisfecho con el resultado. Aprender a dibujar animales es una habilidad que requiere tiempo, así que no te sorprendas si tardas más de lo esperado en conseguirlo.

10 ENTINTA EL GATO

Entinta el gato manteniendo cada color en su propia capa por si quieres cambiar el tono del pelaje, de los ojos o de los detalles. Visualiza la imagen completa para asegurarte de que la escala del gato es proporcional a la de las macetas, pero recuerda que puedes modificar el tamaño de todo el grupo de capas que corresponden al gato si ves que es demasiado grande.

Consejo **Al dibujar elementos adicionales como el gato, lo mejor es hacerlo en la escala adecuada o más grandes de lo necesario. Siempre puedes reducir el tamaño de un elemento. No obstante, si lo aumentas, crearás un objeto borroso, ya que no puedes añadir más píxeles a un dibujo después de haberlo creado. Una frase que te ayudará a recordar esta idea es la siguiente: «cuanto más amplíes, más borroso quedará».**

Sigue así

Hay una gran variedad de toques finales que puedes añadir a esta ilustración para darle más carácter. ¿Qué te parece agregar unas líneas para que parezca que la pared está hecha de ladrillos o de piedra? En este ejemplo, he creado una nueva capa justo encima de mi capa de fondo y, después, he dibujado los ladrillos utilizando la **Guía de dibujo** para medirlos. A continuación, he creado una nueva capa debajo de las líneas que simulan ser ladrillos para añadir sus diferentes tonalidades.

El resultado final

10

AÑADE PERSPECTIVA a tu escritorio

Las Guías de perspectiva de Procreate permiten hacer dibujos en perspectiva con precisión, mostrando la profundidad y el ángulo de un objeto. En este proyecto, practicarás el uso de las Guías de perspectiva para dibujar el estudio de tus sueños.

Qué vamos a aprender:
A utilizar **Guías de perspectiva**.

Pinceles:

Sketching Pencil

Rough Inking Worn Texture

Rough Inking

Paleta:
50s Motel

Cotton Candy Pink #ff90be

California Neon Pink #ff005b

Mint Gum Green #34c494

Deep Sea Green #063420

Mustard Yellow #dbae00

Earthy Stone Yellow #917400

Vanilla Cream White #fff4d4

Pebble Path White #c0b28d

Lavender Haze #dad7e7

Mochi Purple #746a99

Creamsicle Orange #f9aa12

Burnt Toast Orange #9d6900

Lilac Purple #d9a9e3

90s Nails Purple #7e5884

1 HALLA LA INSPIRACIÓN

Busca imágenes de referencia que muestren espacios de trabajo que te gusten. Para inspirarte, incluso podrías hacer un tablero en Pinterest con lugares de estudio, oficinas y hasta cobertizos que se puedan utilizar como una oficina. Así tendrás un montón de muebles, cuadros, plantas y colores para elegir mientras dibujas.

2 CREA UN CROQUIS DE SITUACIÓN

Empieza creando lo que yo llamo «un croquis de situación», que incluya la mesa, la silla y algunos cuadros en la pared. El croquis de situación te ayudará a determinar el ángulo de la mesa. Si no estás seguro del ángulo que quieres utilizar, copia el del ejemplo y la próxima vez ya probarás a elegir uno por ti mismo. El ángulo de la perspectiva se indica en la imagen para que podamos ver el tipo de ángulo que crearemos al hacer el boceto inicial.

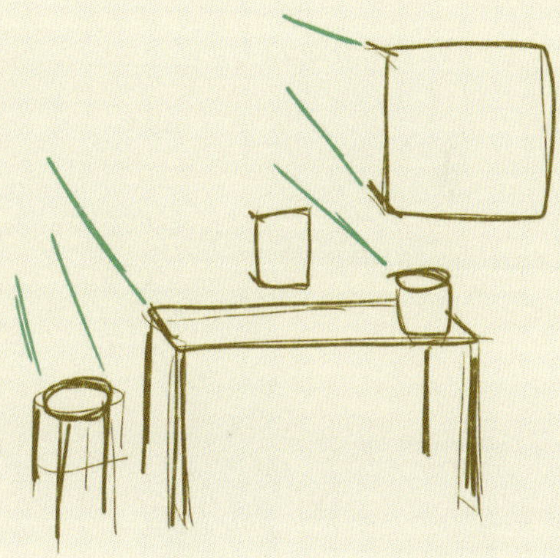

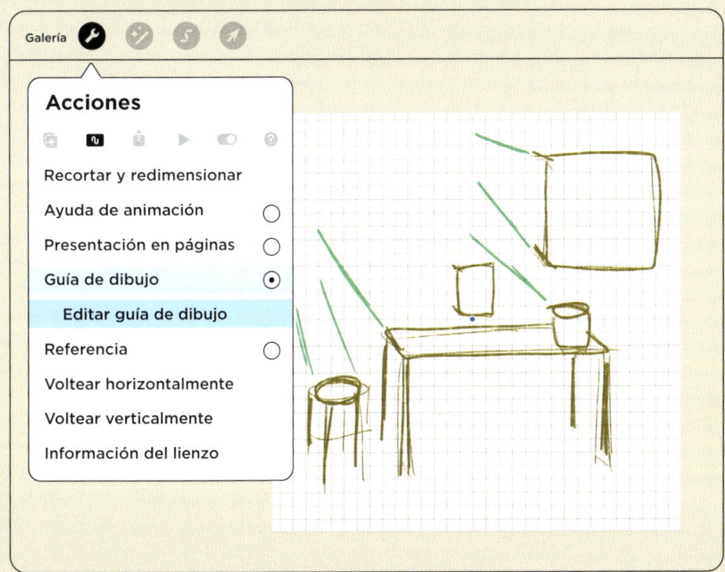

3 ACTIVA LAS GUÍAS DE PERSPECTIVA

A continuación, activa las **Guías de perspectiva**: para ello, ve a **Acciones**, pulsa en **Lienzo**, activa la **Guía de dibujo** y, a continuación, pulsa en **Editar guía de dibujo**.

4 MUESTRA LAS GUÍAS EN EL LIENZO

En la pantalla **Editar guía de dibujo**, en la parte inferior aparece la opción de **Perspectiva**. Púlsala y, a continuación, toca alguna zona del lienzo. Ten en cuenta que si pulsas varias veces sobre el lienzo, crearás accidentalmente varios puntos, pero puedes tocar el punto para eliminarlo.

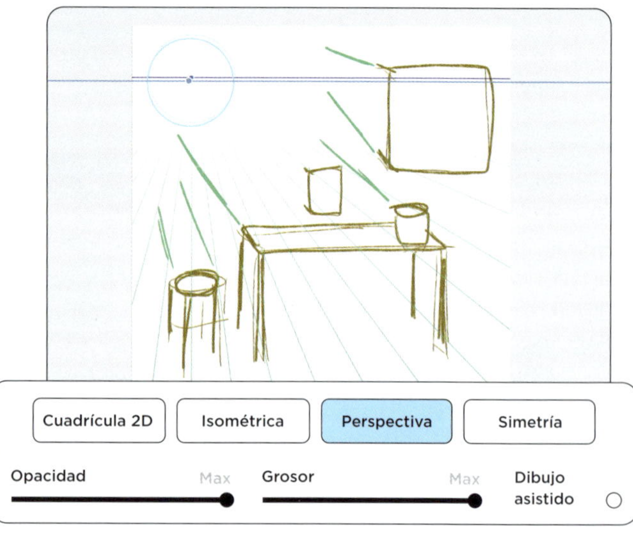

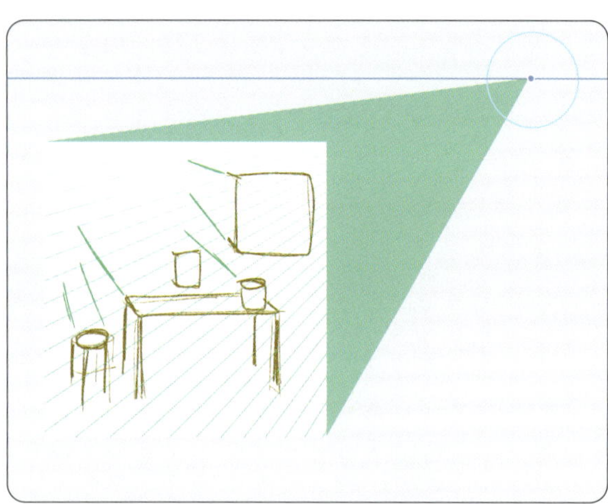

5 MUEVE EL PUNTO DE FUGA

Mantén el dedo sobre el punto azul que aparece y verás que puedes moverlo por la página para ajustar el «punto de fuga» de la perspectiva (el lugar donde termina el horizonte de tu dibujo).

6 ESTABLECE EL PUNTO DE FUGA QUE HAYAS ELEGIDO

Ajusta el punto de fuga (el punto azul) hasta que se alinee con tu plano original. Puedes poner el punto de fuga fuera del lienzo para hacer un dibujo con una perspectiva moderada, o puedes mantenerlo en el lienzo para crear una perspectiva exagerada (o un ángulo oblicuo).

7 DIBUJA LOS ELEMENTOS BÁSICOS DE LA COMPOSICIÓN

Ahora que ya tienes la estructura general de la perspectiva de tu dibujo, puedes esbozar la mesa y los marcos de los cuadros, manteniendo todos los ángulos alineados con las **Guías de perspectiva** que has activado. Observa que las líneas horizontales son rectas y están alineadas con el suelo, mientras que las verticales siguen las **Guías de perspectiva**. Esto incluye los lados de la mesa e incluso los de los marcos de los cuadros.

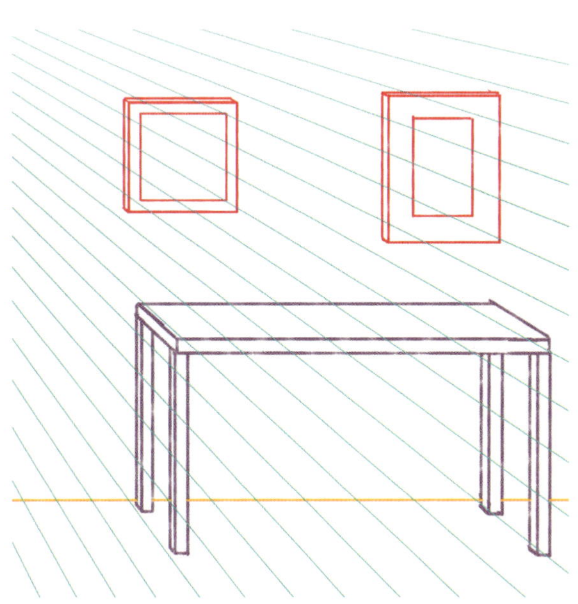

8 AÑADE MÁS ELEMENTOS

Esboza el resto de los objetos de la composición, como algunas plantas, las ilustraciones de los cuadros y una taza sobre la mesa. Añade objetos que muestren tu personalidad y reflejen lo que te gusta tener en tu escritorio cuando trabajas.

9 DALE COLOR

Entinta cada capa con el pincel de tu elección (en este ejemplo se usan los pinceles Rough Inking) y prueba unas cuantas versiones de colores diferentes para cada elemento de la ilustración. Verás que se ha creado un gran número de capas en el **panel de Capas**, por lo que es un buen momento para empezar a agrupar y nombrar partes de tu dibujo para mantenerlo todo en orden. De este modo, más adelante te será mucho más fácil crear versiones de otros colores.

10 UTILIZA LA FUNCIÓN DE BLOQUEAR ALFA EN LAS CAPAS

Utiliza la función de **Bloquear alfa** en todas las capas y añade algunos detalles a cada capa, como vetas de madera trazando unas simples líneas onduladas, nervaduras en las hojas de las plantas o cualquier otro detalle que añada personalidad a los objetos. En este ejemplo, he añadido algunos de los objetos que suelen estar en mi escritorio: un bote con lápices, algunos bocetos sobre el escritorio y otros fijados a la pared. Para crearlos, haz un boceto justo encima del dibujo entintado en una capa nueva y luego repite el mismo proceso de entintado que has utilizado para los elementos anteriores.

El resultado final

11

BORRA el sol

La técnica de «tallar» la tinta en un bloque de color sólido puede utilizarse para crear dibujos atrevidos e interesantes que se asemejan a las xilografías. En este ejemplo de esa técnica, escribiremos una frase en el centro de un sol.

Qué vamos a aprender:
A dibujar borrando.

Pinceles:

Sketching Pencil

Fluid Ink o Lino Cutter

Pencil Taps Texture

Super Subtly Scuffs Texture

Paleta:
50s Motel

Cotton Candy Pink #ff90be

California Neon Pink #ff005b

Mint Gum Green #34c494

Deep Sea Green #063420

Mustard Yellow #dbae00

Earthy Stone Yellow #917400

Vanilla Cream White #fff4d4

Pebble Path White #c0b28d

Lavender Haze #dad7e7

Mochi Purple #746a99

Creamsicle Orange #f9aa12

Burnt Toast Orange #9d6900

Lilac Purple #d9a9e3

90s Nails Purple #7e5884

1 SELECCIONA UNA FRASE

Elige una frase corta, de tres o cuatro palabras, que quieras escribir dentro del sol. En este ejemplo hemos puesto «Don´t worry be happy» («No te preocupes y sé feliz»), pero puedes poner tu nombre, el de tu ciudad o cualquier otra cosa. Empezar con una frase breve es una buena forma de garantizar que tu proyecto se pueda leer bien. Siempre puedes probar frases largas en otro momento, e incluso llenar todo un lienzo con *lettering* en letras mayúsculas.

2 CONFIGURA LAS GUÍAS DE PERSPECTIVA

Activa las **Guías de perspectiva** para hacer trazos radiales en tu lienzo. Para ello, ve a **Acciones**, pulsa en **Lienzo**, activa la **Guía de dibujo** y dale a **Editar guía de dibujo**. A continuación, elige la opción **Perspectiva** y toca el lienzo una vez para crear una guía de perspectiva. Si quieres, puedes ajustar la opacidad y el color de las guías para que puedan verse más fácilmente.

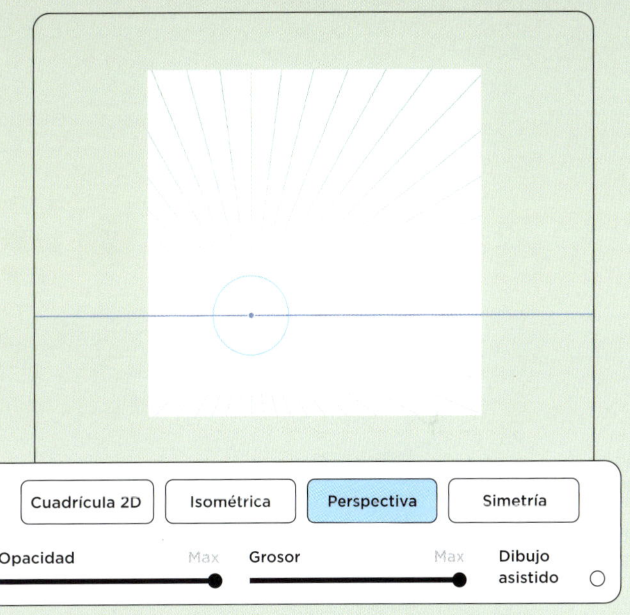

3 ESTABLECE LOS TRAZOS RADIALES

A continuación, dibuja los trazos radiales con el pincel Sketching Pencil y la herramienta **QuickLine**. Sigue las **Guías de perspectiva** para conseguir que sigan un patrón radial. Estos trazos radiales serán los rayos del sol.

4 DIBUJA EL SOL

En una capa nueva, dibuja un círculo con **QuickShape** y colócalo en el centro de los trazos radiales. Borra las líneas que quedan dentro del círculo y, a continuación, fusiona las capas del círculo y de las líneas para que tu **panel de Capas** se mantenga ordenado.

5 ESBOZA TU FRASE

Con el pincel Sketching Pencil, traza algunas líneas onduladas para crear las pautas sobre las que dibujarás las letras. Mantén las líneas fluidas y ten en cuenta la longitud de las palabras al elegir el tamaño de cada espacio. A continuación, escribe las letras y, si fuera necesario, ajusta las líneas para que quepan todas las palabras de la frase. Puede que debas realizar varias capas de bocetos hasta que te salga bien.

6 CREA EL BLOQUE DE COLOR

Crea una nueva capa y rellénala con un color sólido. Para ello, arrastra el color desde el **disco de colores** hasta el lienzo o pulsa sobre la capa y luego en **Rellenar capa**. Este será el «bloque» que tallarás cuando vayas a crear tu composición de *lettering* en letras mayúsculas.

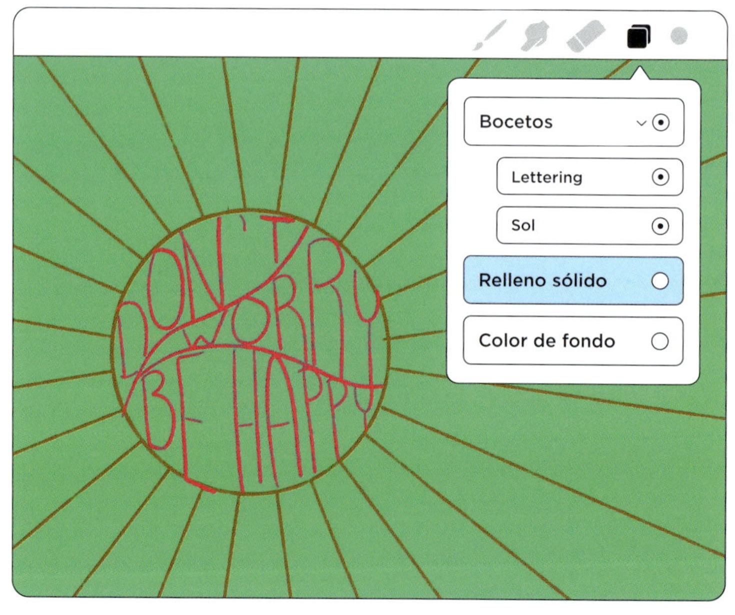

7 BORRA LAS LÍNEAS DE LOS RAYOS DE SOL

Con el pincel Fluid Ink, traza líneas en la capa de color sólido siguiendo los trazos radiales que representan los rayos de sol. No tienen por qué ser perfectas; de hecho, que sean un poco irregulares hará que tu composición parezca dibujada a mano. También puedes utilizar el pincel Lino Cutter del **Brush Sampler** como goma de borrar si quieres dar a tus trazos un aspecto tosco de linograbado.

8 BORRA LAS FORMAS DEL TEXTO

Repite el mismo proceso para crear las letras: borra partes de la capa de color sólido para revelar el texto, intentando dar forma a cada letra borrando lo menos posible. Por ejemplo, para la D, solo he tenido que hacer un agujerito en el centro de la letra y borrar un trocito de la parte delantera para curvarla. Cuanto menos quites, más se parecerá a una composición xilográfica.

9 PÍNTALO

A continuación, pintaremos las secciones arrastrando colores desde el **disco de colores**. Cuando sueltes un color, si se rellena más de una sección a la vez significa que no las has separado completamente. Un solo píxel sin borrar puede «conectar» dos secciones e impedir que se rellenen de color por separado.

10 AÑADE UN POCO DE TEXTURA

Quizá quieras añadir texturas a tu composición. Para ello, crea una nueva capa por encima de todas las restantes, desliza uno de los pinceles de textura del **Brush Sampler** sobre el lienzo y ajústalo a un **Modo de fusión**. En esta versión, se han utilizado los pinceles Pencil Taps Texture y Super Subtle Scuffs Texture, y la capa se ha ajustado al **Modo de fusión con superposición** para darle un aspecto antiguo y desgastado.

Consejo Cuando crees *lettering* en letras mayúsculas, pide a un amigo que lea el texto sin decirle lo que pone. Este tipo de letras puede ser ilegible si no se borran bien los contornos, así que asegúrate de que alguien que no sea artista pueda leer bien el texto antes de darlo por terminado.

Sigue así

Ahora que ya tienes una composición con un sol, ¿por qué no intentas poner otras cosas en su interior? Podrías duplicar el lienzo, borrar las letras y poner otras cosas dentro del sol. Por ejemplo, puedes dibujarle una cara y hacer varias versiones de diferentes colores.

El resultado final

DIBUJA UNA MARIPOSA *simétrica*

Con este sencillo proyecto de ilustración, aprenderás a usar la herramienta de Simetría de Procreate, que crea una copia simétrica del dibujo a partir de un eje vertical u horizontal o dividiendo el lienzo en más secciones. Elige un insecto alado sencillo, como la mariposa nocturna del ejemplo, una mariposa diurna o una libélula.

Qué vamos a aprender:
A utilizar la **herramienta de Simetría** de Procreate.

Pinceles:

Sketching Pencil

Rough Inking

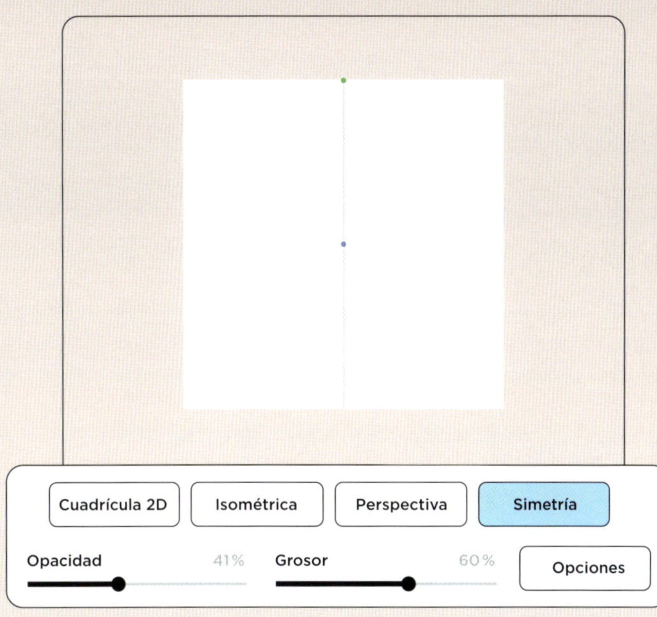

1 ACTIVA LA HERRAMIENTA DE SIMETRÍA

Busca imágenes de referencia de mariposas nocturnas. Antes de comenzar a hacer el boceto, activa la **herramienta de Simetría vertical**. Para ello, ve al **menú de Acciones**, pulse en **Lienzo**, luego en **Guía de dibujo** y dale a **Editar guía de dibujo**. A continuación, pulsa en la opción **Simetría**, en la parte inferior.

2 SELECCIONA LA SIMETRÍA VERTICAL

Pulsa en **Opciones** para ver los ajustes de dibujo simétrico. En este ejemplo, utilizaremos la simetría vertical, pero es recomendable que pruebes todas las opciones en algún momento para ver cómo te ayudan a ahorrar tiempo al dibujar.

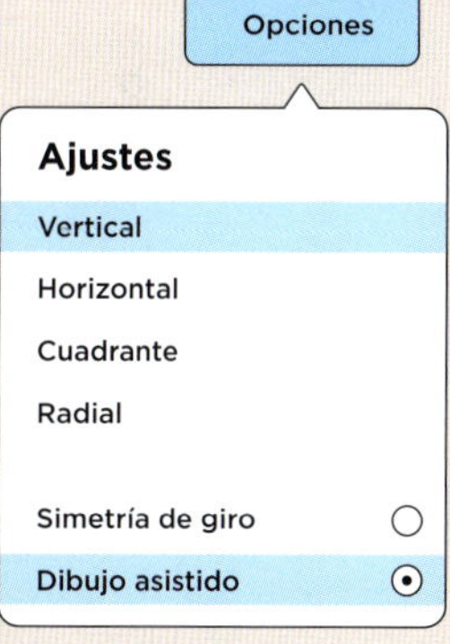

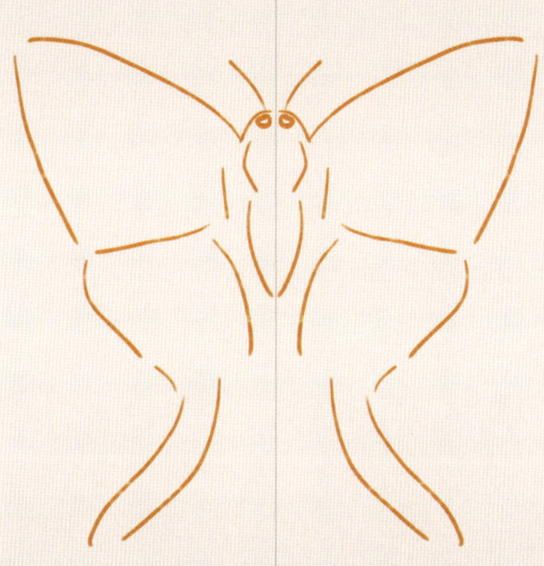

3 CREA UN BOCETO PRELIMINAR

Pulsa en **OK** para guardar el ajuste de simetría vertical y empieza a hacer el boceto en un lado del lienzo. Como verás, cualquier cosa que hagas en el lado izquierdo, se duplicará en el derecho y viceversa (¡una buena noticia para los zurdos!). Completa el boceto preliminar utilizando esta útil herramienta y, después, define el boceto en una nueva capa.

4 ACTIVA DIBUJO ASISTIDO EN LA NUEVA CAPA

Cuando crees una nueva capa, observarás que no está configurada como «**Asistido**» en el **panel de Capas** (es decir, la función de **Simetría vertical** no está activada), por lo que tendrás que pulsar sobre la capa y, a continuación, activar la opción **Dibujo asistido**. La capa recordará la simetría que elegiste la última vez y la repetirá. Si necesitas otro tipo de simetría, tendrás que volver al **menú de Simetría** para acceder a los otros tipos.

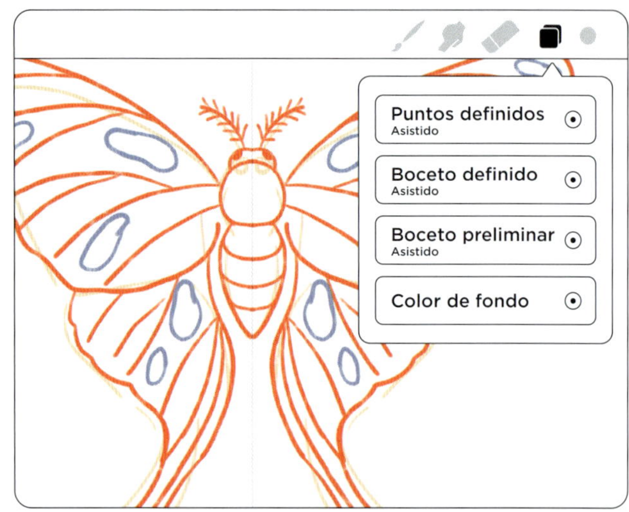

5 EMPIEZA A AÑADIR COLOR

Es hora de entintar el dibujo. Elige tu pincel de entintar favorito y recuerda activar el **Dibujo asistido** al crear cada nueva capa.

Consejo Para ahorrar algo de tiempo, crea capas que ya tengan activado el **Dibujo asistido**. Para ello, crea una nueva capa, activa la opción **Dibujo asistido** y duplica la capa varias veces. De este modo, cada duplicado ya tendrá la opción activada.

6 DIBUJA MÁS MARIPOSAS NOCTURNAS

Ahora que ya tienes experiencia trabajando en simetría, intenta repetir el proceso con varios tipos diferentes de mariposas nocturnas para crear una serie de ilustraciones o una sola que contenga cuatro especies diferentes. Hazlo en cuatro lienzos distintos para que así puedas elegir entre presentarlos como cuatro ilustraciones diferentes o combinarlos en un lienzo.

7 ELIMINA LAS CAPAS DE FONDO

Para combinar varios dibujos en un solo lienzo, guárdalos primero sin fondo. Para ello, desactiva las capas de fondo de cada dibujo pulsando en la marca de verificación de la capa. Esto incluye la capa que has creado llamada «Color de fondo» y la capa de color «Color de fondo» que siempre está presente cuando creas un documento nuevo. Después de desactivar estas capas, deberías ver el fondo gris de la interfaz de Procreate.

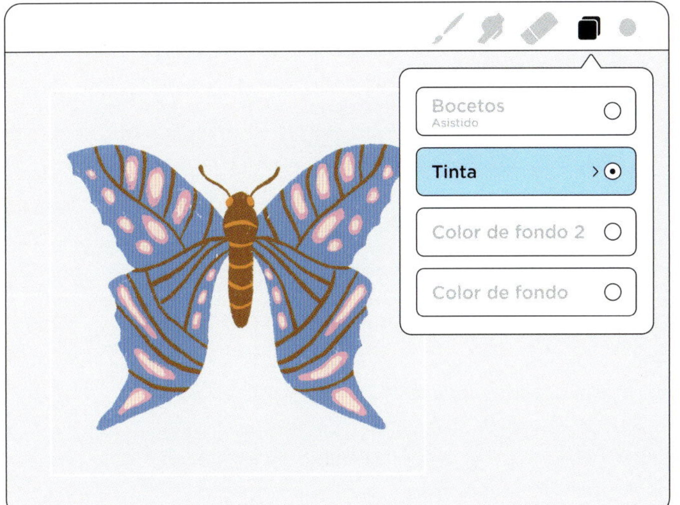

8 GUARDA LOS DIBUJOS EN FORMATO PNG

Ve al **menú de Acciones**, pulsa en **Compartir** y guarda la ilustración en formato **PNG**. Este tipo de archivo permite guardar fondos transparentes, algo que no pueden hacer otros formatos, como el **JPEG**.

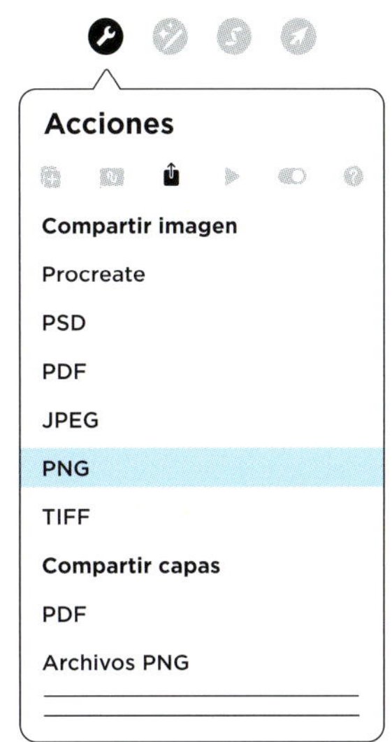

9 CREA UN LIENZO BASE

Crea un nuevo lienzo con el tamaño que desees que tenga la imagen final (20 x 25 cm es un tamaño habitual de impresión artística). Pulsa en **Añadir** y luego en **Insertar una foto**. Inserta los cuatro archivos **PNG** de este modo y usa la **herramienta para mover** para cambiar el tamaño de cada dibujo y colocarlo en la ubicación que prefieras. Prueba distintas composiciones, apilándolas o poniéndolas una al lado de la otra. Si quieres, puedes hacer invisible una imagen para dejar más espacio en el lienzo para las restantes.

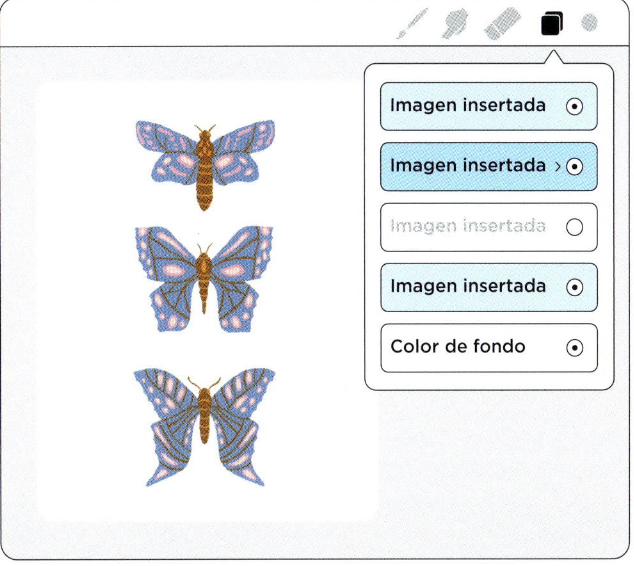

10 AÑADE UN COLOR DE FONDO

Experimenta con distintos colores de fondo: crea una nueva capa por debajo de las imágenes **PNG** insertadas y utiliza la opción **Relleno de color** para probar varios fondos. Aplica distintos colores para ver cuál se adapta mejor a tu estilo.

Sigue así

¿Por qué no ofreces tus ilustraciones de mariposas nocturnas como adhesivos, fondos de pantalla para el móvil o impresiones artísticas para descargar o vender en distintas versiones de color? Puedes colocar mariposas nocturnas en lienzos de diferentes tamaños para que puedas distribuirlas y compartirlas de diversas maneras.

Adhesivos para subir a cualquier página web que venda adhesivos imprimibles

20 x 25 cm = tamaño estándar de impresión artística

1080 x 1090 px = fondo de pantalla para móviles

El resultado final

13

CONSTRUYE UN PAISAJE *por capas*

Explora el proceso de ilustrar un paisaje mediante capas para crear profundidad en el lienzo. Esta ilustración se presenta dentro de un círculo para que el espectador tenga la sensación de que la está viendo a través de un telescopio.

Qué vamos a aprender:
A crear profundidad mediante capas.

Pinceles:

Sketching Pencil

Fluid Ink

Tree Stamp

Paleta:
Funky Modern

- Reddish Orange #ff4b18
- Red Fox #d34925
- Rose Bud #ffb09b
- Dark Peach #d1725f
- Mango Orange #df8000
- Ginger Brown #9f5d00
- Pink Pearl #ff9ce2
- Neon Fuschia #ff54c2
- Lake Mist Blue #d7dce7
- Steel Blue #7297c9
- Aqua Forest Green #6b9b78
- Pine Green #3a5a44
- Pale Violet #eda7fc
- Amethyst Purple #ac4cc1

1 HALLA LA INSPIRACIÓN

Busca ideas de paisajes buscando un lugar que te gustaría representar + paisaje (por ejemplo «Pirineos + paisaje»). Guarda varias imágenes que muestren las características paisajísticas de esa zona para tener mucha ideas en las que inspirarte.

2 DIBUJA EL CÍRCULO

La ilustración del paisaje va dentro de un círculo, así que primero traza un círculo grande en el lienzo y, después, perfecciona la forma utilizando **QuickShape** y poniendo un dedo sobre el lienzo. Recuerda que puedes activar la **Guía de dibujo** para colocar el círculo justo en el centro del lienzo.

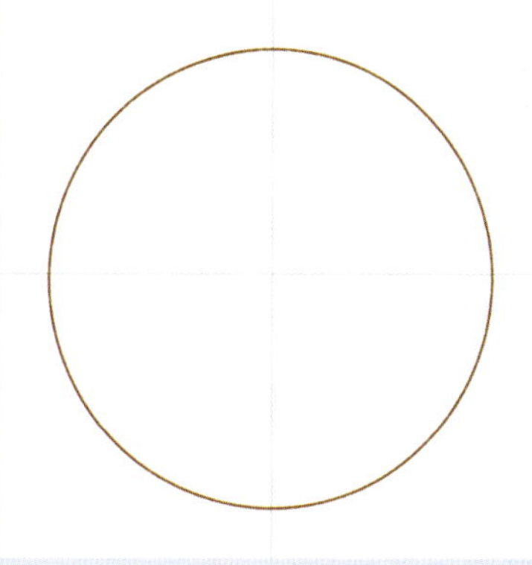

3 AÑADE ELEMENTOS A LA COMPOSICIÓN

Esboza los distintos elementos del paisaje, como montañas, colinas, rocas, árboles y el sol o la luna. Ten en cuenta que todo lo que incluyas contribuirá a dar profundidad a la composición, así que juega con los distintos elementos para aumentar la profundidad del dibujo.

4 DEFINE EL CÍRCULO

Ahora vamos a crear el marco circular que delimitará el paisaje y creará una forma interesante y llamativa. El negro es el color ideal para crear el borde, ya que contrasta mucho con el blanco y te permitirá ver fácilmente si has creado un círculo perfecto. Traza el círculo con el pincel Fluid Ink y, a continuación, utiliza **QuickShape** para perfeccionar la forma. Utiliza la **Guía de dibujo** para asegurarte de que está en el centro del lienzo.

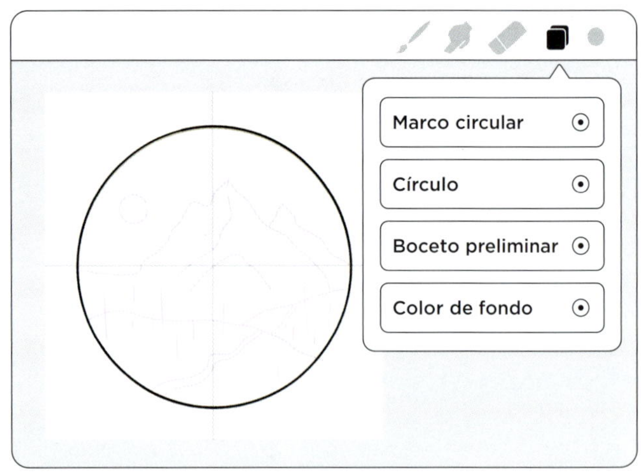

Consejo **Algunos artistas entintan todos los elementos en negro y luego cambian los colores al final del proceso. Esto se debe a que el fuerte contraste del negro sobre el blanco es ideal para detectar errores o incoherencias en el entintado. En tu próximo dibujo, prueba a ver si así te es más fácil detectar los errores.**

5 COLOREA EL FONDO EXTERIOR

Con la función de **Repintado**, rellena de color negro el área situada fuera del marco circular. A continuación, cambia el negro por un color más claro o por blanco. A partir de ahora, todo lo que dibujes por debajo de esta capa quedará oculto tras el marco circular.

6 ENTINTA EL DIBUJO

Empieza el proceso de entintado, trabajando de atrás hacia delante y de arriba abajo. Cada capa que dibujes añadirá un grado más de profundidad a la ilustración. Y los pequeños detalles, como las sombras de las montañas, darán un toque de interés adicional a la composición.

7 UTILIZA EL COLOR PARA INDICAR LA PROFUNDIDAD

Cuando observes un paisaje, verás que los colores de los elementos más lejanos tienden a ser más claros que los colores de las cosas que están en primer plano. En esta composición, las colinas de delante son de un verde más oscuro que las de detrás, lo que contribuye a crear sensación de profundidad. Sigue esta regla a la hora de colorear tu ilustración, tanto si estás representando varios niveles de montañas como si se trata de otro tipo de elemento.

8 AÑADE MÁS ELEMENTOS

Agrega otros elementos que llamen la atención del espectador, como un sendero o una carretera que serpentee por el paisaje, o un vehículo o una cabaña que ayuden a mostrar la escala de las montañas. Si quieres añadir una carretera y mantenerla dentro de los límites de las colinas, puedes pulsar sobre tu capa «Colinas», pulsar en **Seleccionar** (asegurándote de que el **Relleno de color** esté desactivado) y, a continuación, crear una nueva capa para la carretera con la colina aún seleccionada.

9 AÑADE ÁRBOLES

Por último, añade algunos árboles típicos del lugar que estás reproduciendo. Puedes dibujar cada árbol a mano o seguir el proceso de creación de sellos para estampar que se describe en el proyecto de la página 58. Si eliges la segunda opción, sigue exactamente los pasos de la lección pero creando sellos de árboles en lugar de estrellas. A continuación, estampa los árboles por el lienzo en distintos tamaños para crear profundidad y variar las distancias de tu paisaje.

10 EXPERIMENTA CON EL COLOR

Para terminar, prueba a hacer varias versiones de diferentes colores, modificando también el color del fondo exterior. También puedes cambiar la combinación cromática para convertir un paisaje diurno en nocturno o viceversa.

Sigue así

Si te gusta dibujar paisajes, este es un buen momento para plantearte realizar una serie basada en algún lugar específico. ¿Qué te parecería dibujar escenas de diferentes parques nacionales o una escena de cada región de tu país? En este ejemplo, he dibujado un paisaje desértico de Arizona porque después de haber hecho un viaje allí siento una fuerte conexión con el desierto. Cualquiera persona a la que le guste Arizona se sentiría identificada con esta escena y, por tanto, sería un comprador potencial de una impresión artística, un adhesivo o una camiseta con el diseño.

El resultado final

PINTA UN *paisaje urbano*

Los pinceles de efecto acuarela pueden combinarse con la superposición de capas y el borrado para crear una obra de acuarela realista en Procreate. Las acuarelas de verdad pueden ser caras, así que esta técnica es ideal para quien quiera pintar acuarelas sin necesidad de disponer de todo el equipo.

Qué vamos a aprender:
A superponer capas y a borrar para crear texturas.

Pinceles:

Sketching Pencil

Rough Cold Pressed Watercolor Paper

Fluid Ink

Large Wash Watercolor

Water Spread Eraser

Paleta:
Muted Retro

- Tomato Red #ff3100
- Red Wine #981200
- Cornflower Blue #597ce9
- Blue Jay Blue #283c77
- Glacier Blue #e0e4ea
- Mountain Mist Blue #8799ad
- Buttermilk Yellow #efb233
- Oak Brown #916800
- Dark Pastel Purple #917dbd
- Plum Purple #493a62
- Avocado Green #b1a450
- Pickled Bean Green #595221
- Flamingo Pink #f8abab
- Valentine Red #e9605c

1 HALLA LA INSPIRACIÓN

Busca un lugar del mundo que tenga casas adosadas, como Londres, Nueva York, Boston, Ámsterdam, Dublín, San Francisco, París o Glasgow. Elige una de estas ciudades tan conocidas o un lugar más específico que te guste. Inspirándote en los elementos arquitectónicos de la ciudad elegida, esboza tres o cuatro casas en hilera dentro de un cuadrado trazado a mano. A continuación, crea un boceto definido utilizando **QuickLine** para que las líneas de las ventanas y de las puertas queden rectas.

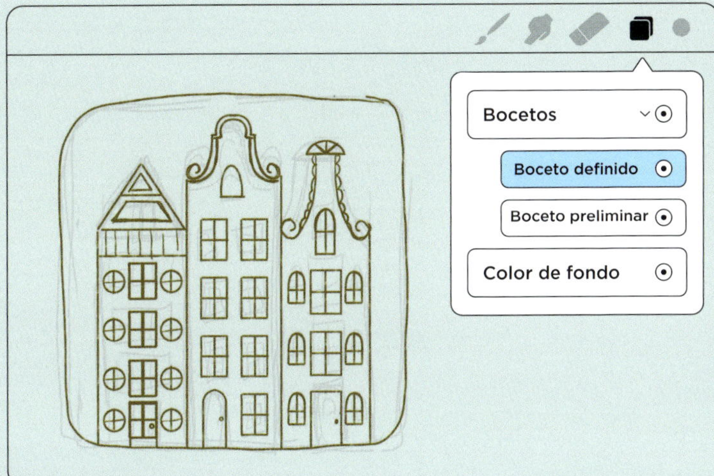

Consejo En Procreate, no es necesario volver a dibujar un mismo objeto una y otra vez. Un ejemplo sería el de las ventanas: solo tienes que hacer una ventana de cada tipo en capas separadas, luego duplicarlas varias veces y colocarlas en su sitio. Empieza con un gran **panel de Capas** que contenga capas sin nombre de los diferentes elementos arquitectónicos y, al final, fusiónalas todas en una sola capa para mantener el orden.

2 AÑADE TEXTURA AL LIENZO

Crea una nueva capa por debajo de las capas del boceto y selecciona un gris claro. Con el pincel Rough Cold Pressed Watercolor Paper del **Brush Sampler**, distribuye la textura por todo el lienzo sin levantar el pincel. Si quieres cambiar la escala del pincel, pulsa sobre él, dale a **Grano** y reduce o aumenta la escala. Cuanto más oscuro sea el gris que utilices, más intenso quedará el lienzo. Si lo ves «demasiado intenso», puedes atenuarlo con el **control deslizante de la Opacidad**.

3 CREA UNA MÁSCARA

A continuación, utilizando el boceto como guía, vas a crear una «máscara» en las zonas del boceto que pintarás con acuarela. Cuando se trabaja con acuarelas reales, se enmascaran las zonas que queremos que permanezcan blancas; con las acuarelas digitales, es todo lo contrario. Usa el pincel Fluid Ink para cubrir las zonas que quieras rellenar de acuarela. Intenta dejar un poco de espacio en blanco entre los diferentes colores para que parezca una acuarela auténtica.

4 SELECCIONA UNA MÁSCARA

Primero haz invisibles todas las capas con máscaras, luego pulsa sobre una de ellas en el **panel de Capas** y, en el menú desplegable, dale a **Seleccionar**. Asegúrate de que la función de **Relleno de color** esté desactivada. Una vez seleccionada esta máscara, pulsa en el **panel de Capas** y luego en el símbolo **+** para crear una nueva capa. Ahora deberías ver toda la ilustración cubierta de líneas diagonales grises, excepto la parte entintada de tu máscara.

5 AÑADE ACUARELA

Crea una nueva capa y aplica un poco de acuarela del color que desees utilizando el pincel Large Wash Watercolor. Haz solo una capa de acuarela, ya que superponer varias con este pincel hará que la textura de la acuarela se vuelva más opaca. Puedes intensificar y profundizar el tono más adelante; por ahora céntrate en seleccionar y rellenar tus zonas con máscara. Una vez que termines de pintar la primera máscara, continúa con las restantes para aplicar acuarela en todas.

6 DUPLICA ALGUNAS CAPAS DE ACUARELA

Una vez que hayas aplicado acuarela en todas las zonas con máscara, prueba a duplicar algunas de las capas para ver cómo cambia la intensidad del color. Quizá quieras duplicar algunas y dejar otras como capa única. Si duplicas una capa varias veces, luego fusiónala con sus duplicados para acabar teniendo una capa para cada color.

7 BORRA ALGUNAS ZONAS DE ACUARELA

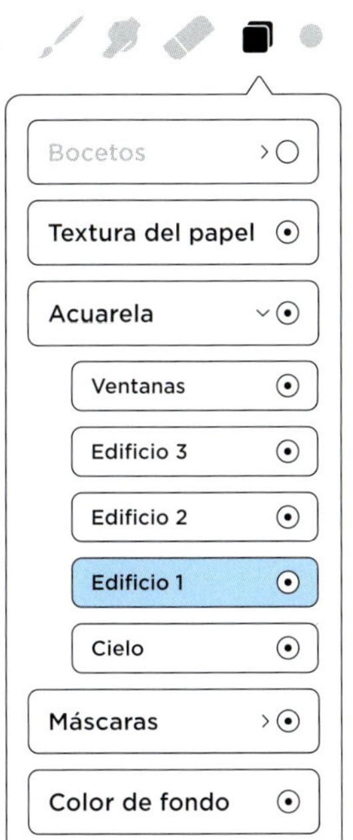

Selecciona **Borrar** en el **menú de Herramientas** y elige como pincel el Water Spread Eraser. Empieza a borrar con cuidado algunas zonas de las capas para dejar a la vista el papel y crear ese aspecto típico de las acuarelas reales. La cantidad de color que borres es una elección personal, así que es un buen momento para experimentar. A la izquierda, se han borrado pequeñas zonas en toda la composición. A la derecha, se han borrado grandes partes de cada forma.

8 UTILIZA UN MODO DE FUSIÓN

Para incrementar aún más el efecto acuarela, ajusta las capas a un **Modo de fusión**. El de **Multiplicar** funciona bien para acuarela, pero prueba también los otros para ver qué pasa. Observarás que cambia tanto el color como el modo en que el papel se filtra a través del color. Algunos **Modos de fusión** harán resaltar el papel, mientras que otros lo volverán más sutil. Elige el grado que más te guste o, si prefieres tu ilustración original, omite por completo el uso de los **Modos de fusión**.

9 AJUSTA EL TONO, LA SATURACIÓN Y EL BRILLO

Para cambiar el tono o la intensidad de una capa de acuarela, selecciona la capa en el **panel de Capas**, ve a **Ajustes**, pulsa en **Tono, Saturación, Brillo** y utiliza los controles deslizantes para experimentar con esos valores de cada color. Aquí, el rosa se ha cambiado por un morado oscuro ajustando el **Tono** y el **Brillo**.

10 RETOQUES FINALES

SI lo deseas, puedes crear capas nuevas y añadir sutiles toques de color, como rojo o azul en algunas zonas para dar ese efecto multicolor propio de la acuarela. Prueba a poner una mancha de color y, a continuación, utiliza el pincel Water Spread Eraser para eliminar los bordes irregulares de la forma, de modo que parezca que el nuevo color se extiende hacia el original. También es un buen momento para añadir detalles, como la decoración de los tejados o las puertas de madera.

Sigue así

Ahora que ya sabes cómo funciona el proceso de pintar con acuarela, ¿por qué no vuelves a una de las ilustraciones que ya has creado (y que quizá no te guste) y la conviertes en una acuarela? A veces, el boceto original es excelente, pero el acabado final no es el más adecuado, así que vuelve a tu **Galería** y prueba este estilo en alguna de tus obras anteriores.

En esta ilustración de una mariposa nocturna, he usado las capas de entintado existentes como «capas con máscara» para crear esta composición de acuarela. En un principio, se entintó con el pincel Rough Inking (en lugar del Fluid Ink), por lo que tiene un aspecto algo más tosco que el de la hilera de casas.

El resultado final

15

DIBUJA tu avatar

En este proyecto, dibujarás un autorretrato que podrás personalizar para representar tu propio estilo a través del color, los complementos y la ropa. Practicarás el uso de la herramienta de Selección de una Forma libre: en lugar de borrar y volver a dibujar algo, podrás moverlo según sea necesario.

Qué vamos a aprender:
A utilizar las **herramientas de Selección de una Forma libre**.

Pinceles:

Sketching Pencil

Fluid Ink

Paleta:
Poolside Paradise

- Robin Egg Blue #98f2f4
- Faded Jade #347373
- Cherry Blossom #ffb9bd
- Watermelon Pink #ff6472
- Seafoam Green #77f0b5
- Eucalyptus #3d845f
- Pale Green #9cf08c
- Astroturf Green #395f36
- Butterscotch Orange #ffad56
- Pumpkin Skin #ad5a00
- Dawn Pink #ffebe2
- Coral Pink #f4947c
- Lavender Ice Cream #eea8f2
- Dark Lilac #a465aa

1 HAZTE UNA FOTO

Con luz brillante, idealmente de día, hazte una foto mirando a la cámara. Utilizarás la **herramienta de Simetría** para dibujar ambos lados del rostro, por lo que es importante que mires directamente a la cámara y no inclines la cabeza. Prueba diferentes expresiones y, si fuera necesario, cámbiate las gafas, el pelo o la ropa para darle tu toque personal a la composición.

2 CONFIGURA TU LIENZO

Crea una nueva capa, asígnale el nombre de «Boceto» y activa la **Simetría vertical** desde el **menú de Lienzo**. A continuación, activa la **Guía de dibujo**, pulsa en **Editar guía de dibujo**, luego en **Simetría** y elige la opción **Vertical**.

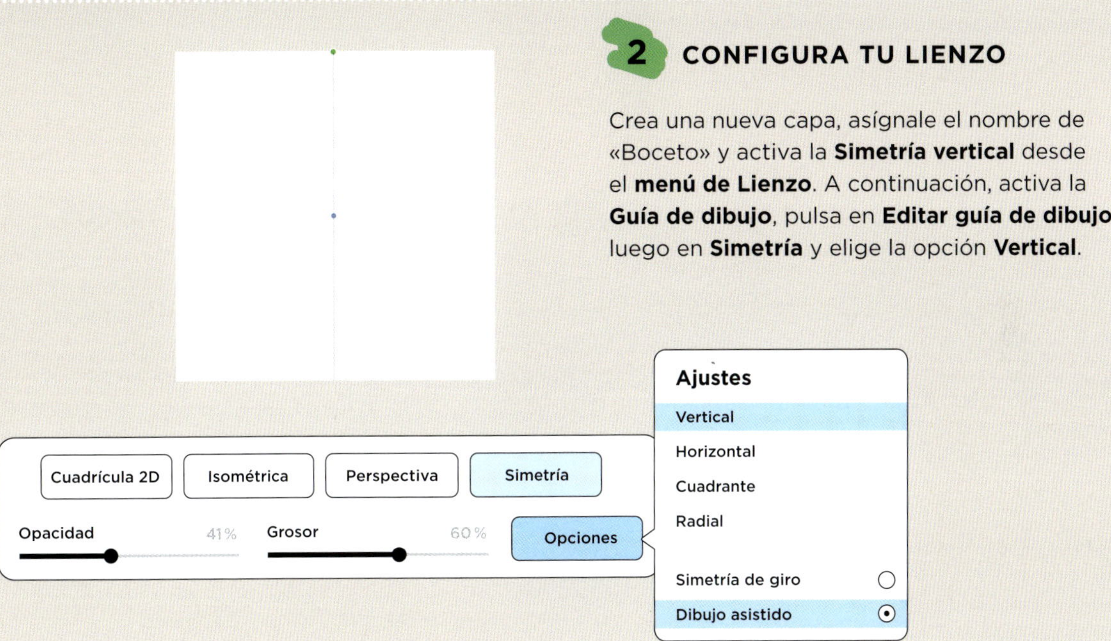

3 COLOCA TU FOTOGRAFÍA EN EL LIENZO

Crea una nueva capa para tu foto de referencia y colócala en el lienzo pulsando en **Acciones**, luego en **Añadir** y, por último, en **Insertar una foto**. Cambia el tamaño de la foto para encajarla en la página, toca el símbolo **N** y reduce la opacidad utilizando el **control deslizante de la Opacidad**. Ajusta la fotografía para asegurarte de que la nariz y los labios están centrados a lo largo de la línea central del lienzo. Si tu foto no es simétrica, simplemente dibuja en el siguiente paso un lado de tu cara para que los rasgos se vean iguales en ambos lados.

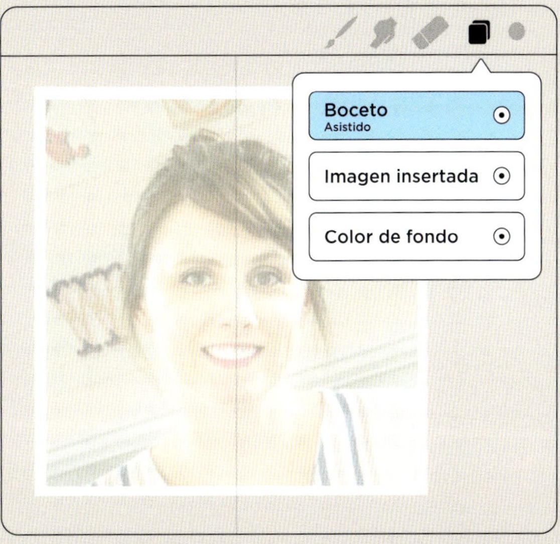

4 TRAZA TU FOTOGRAFÍA

Traza los rasgos principales de tu fotografía, centrándote en las expresiones sutiles e ignorando las arrugas pequeñas. Recuerda que los avatares suelen ser versiones simplificadas de una persona, por lo que no es necesario dibujar los detalles más pequeños, como las diminutas arrugas de expresión que aparecen junto a los ojos o los poros de las mejillas.

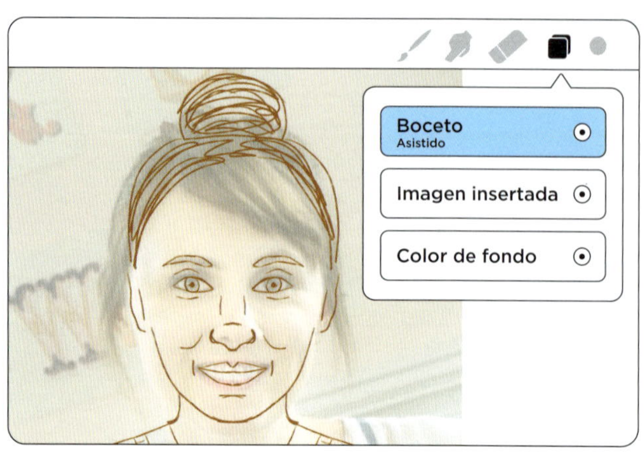

5 AÑADE DETALLES NO SIMÉTRICOS

Desactiva la **Simetría** para poder añadir los detalles que no son simétricos. En este caso, tengo el flequillo hacia un lado de la cara, por lo que no es necesaria la simetría para esbozarlo.

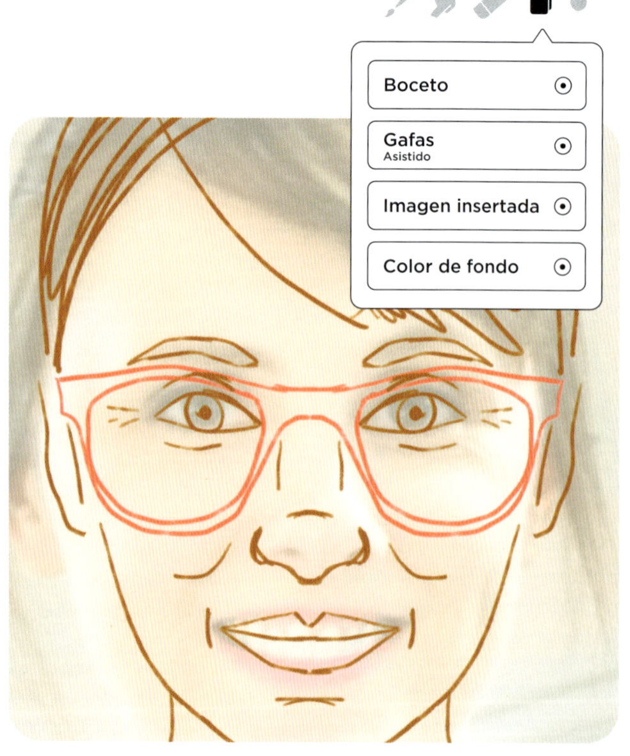

6 AÑADE MÁS DETALLES

También puedes dedicar algo de tiempo a esbozar otros elementos, como complementos o gorros, gafas o incluso joyas. Aprovecha este paso para crear un avatar que refleje tu personalidad.

UTILIZA LA HERRAMIENTA DE SELECCIÓN DE UNA FORMA LIBRE

Utiliza la **herramienta de Selección de una Forma libre** para hacer algunos retoques sutiles en el dibujo. Primero desactiva la capa de tu fotografía para que solo puedas ver el boceto, pulsa en la **herramienta de Selección** y luego, en el menú inferior, en **Forma libre**. Con el lápiz óptico, rodea con un círculo alguna parte de tu dibujo (por ejemplo, la línea de la parte superior de la barbilla) y, después, pulsa en la **herramienta para mover** para desplazarla un poco hacia arriba o hacia abajo.

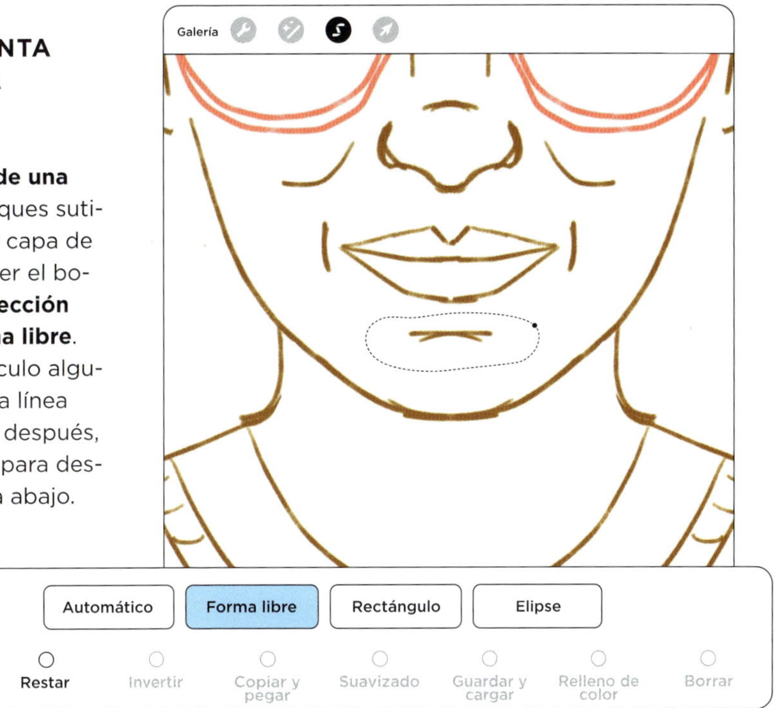

DESPLAZA LOS ELEMENTOS

Desactiva **Imán** y **Ajuste** en el **menú de Ajustes de Ajuste**, si estuvieran activados, y luego mueve la línea de la barbilla hacia arriba o hacia abajo para ponerla en el lugar deseado. Repite el proceso con cualquier elemento que quieras recolocar para mejorar el retrato. Puedes hacer que tu avatar levante una ceja o bajarle un poco la nariz. Este tipo de pequeños retoques pueden cambiar bastante la personalidad del dibujo.

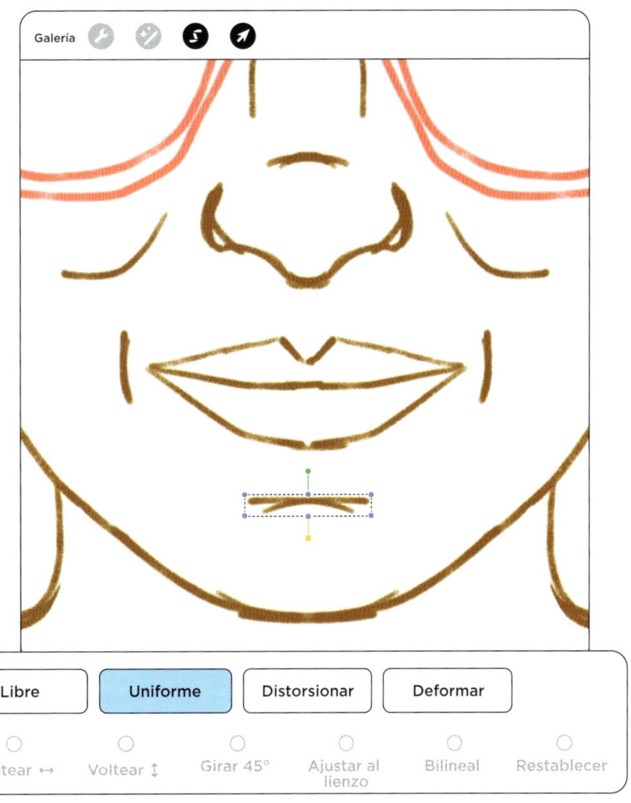

9 AHORA PÍNTALO

Utiliza el pincel Fluid Ink para bloquear las formas principales de tu avatar, asegurándote de poner cada nuevo color en su propia capa. Así te será más fácil ir probando distintos accesorios, como gafas y complementos de diferentes colores, o simplemente descartarlos.

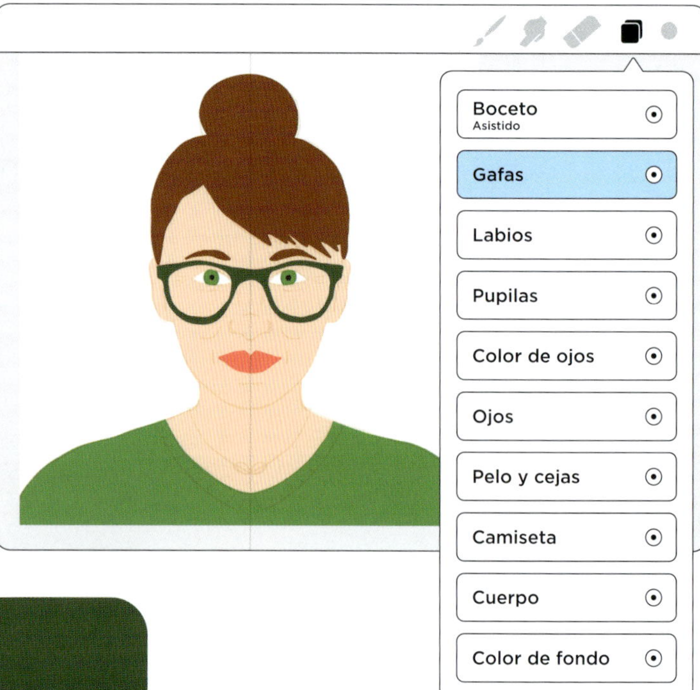

10 AÑADE LOS TOQUES FINALES

Por último, utiliza el mismo pincel para añadir otros detalles, como las rayas del cuello del jersey o las ligeras líneas que crean la sonrisa. Elige un color de fondo ¡y tu dibujo ya estará terminado!

Sigue así

Pon más elementos que evoquen tu personalidad, como unos pendientes, un collar o incluso un papel pintado con un estampado que muestre tu estilo personal. Pero, te preguntarás, ¿cómo se crea un patrón? Haremos un patrón de mosaico en el próximo proyecto (consulta la página 112), así que sigue leyendo para aprender cómo se hace y vuelve más tarde para añadirlo a tu proyecto de avatar.

El resultado final

16

CREA UNA *vista cenital*

Crea una fascinante composición ilustrando un suelo de mosaico y aprende a utilizar las máscaras de recorte de Procreate. Esta función te permitirá añadir detalles a varias capas sin tener preocuparte de seleccionar, bloquear alfa o editar tus capas originales.

Qué vamos a aprender:
A utilizar la función de **Máscaras de recorte**.

Pinceles:

Sketching Pencil

Rough Inking

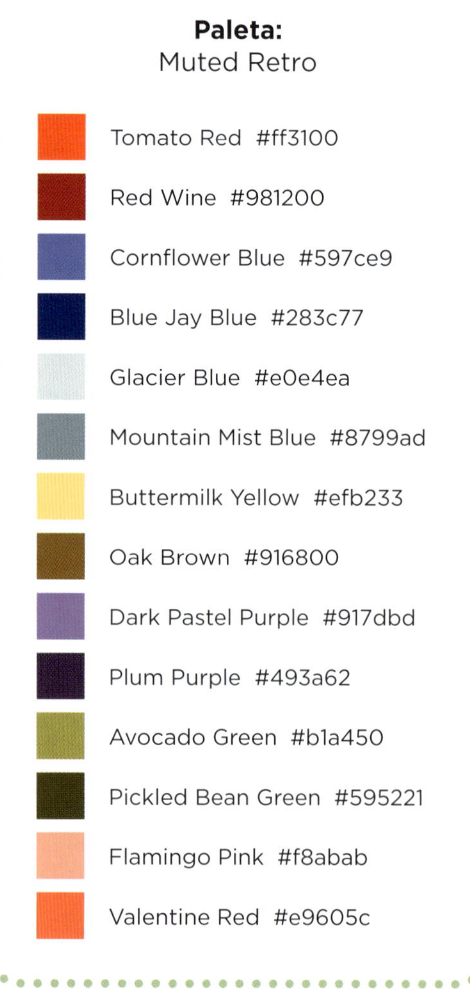

Paleta:
Muted Retro

- Tomato Red #ff3100
- Red Wine #981200
- Cornflower Blue #597ce9
- Blue Jay Blue #283c77
- Glacier Blue #e0e4ea
- Mountain Mist Blue #8799ad
- Buttermilk Yellow #efb233
- Oak Brown #916800
- Dark Pastel Purple #917dbd
- Plum Purple #493a62
- Avocado Green #b1a450
- Pickled Bean Green #595221
- Flamingo Pink #f8abab
- Valentine Red #e9605c

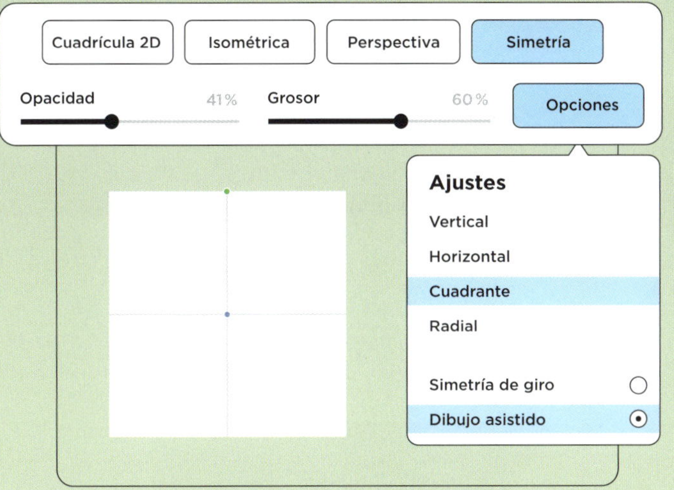

1 ACTIVA LA SIMETRÍA CUADRANTE

Primero busca algo en lo que inspirarte para diseñar tu mosaico. Podrías hacer búsquedas de tipo «Marruecos + mosaico» o «España + mosaico». Cuando tengas algunas imágenes de referencia, abre un nuevo lienzo y activa la **Simetría cuadrante**. Para ello, ve al **menú de Acciones**, pulsa en **Lienzo**, activa la **Guía de dibujo** y luego pulsa en **Editar guía de dibujo**. En el menú inferior, activa **Simetría** y en **Opciones** elige **Cuadrante**. Pulsa en **OK** para guardar el ajuste de simetría.

2 DIBUJA LA PIEZA

Prueba la función de simetría dibujando en la esquina del lienzo. Deberías ver que los trazos se repiten en las cuatro esquinas. Suponiendo que funciona, dibuja la pieza inspirándote en las imágenes de mosaicos que has buscado. La cantidad de espacio que dejes en los bordes del lienzo determinará el grosor del «mortero», así que tenlo en cuenta cuando dibujes cerca de los bordes. Tu pieza puede ser tan sencilla o compleja como quieras, pero piensa que la reducirás considerablemente de tamaño. Por tanto, no es necesario que hagas detalles que no serán visibles a pequeña escala.

3 AÑADE UN COLOR BASE

Ahora empieza a entintar la pieza. Primero aplica el color base, que pronto quedará cubierto por el diseño.

4 ENTINTA EL DISEÑO

Para mostrar cómo funciona la **Máscara de recorte**, empezaremos con los elementos del diseño que se salen del borde de la pieza. Primero entinta los elementos del diseño que llegan hasta el borde de la pieza. Te darás cuenta de que el entintado se sale de la pieza y cubre el fondo blanco del lienzo, a menos que hagas algo para evitarlo.

5 ACTIVA LA MÁSCARA DE RECORTE

Para «recortar» el diseño en la pieza y evitar que los nuevos colores sobresalgan de la forma de la pieza, convierte la capa del diseño en una **Máscara de recorte**. Para ello, pulsa sobre la capa «Diseño» y luego, en el menú desplegable, dale a **Máscara de recorte**. El color se recortará en la capa que esté por debajo de la capa de **Máscara de recorte**, que en este caso es la forma de la pieza.

6 TERMINA DE ENTINTAR EL DISEÑO

Repite el proceso de entintado en todos los elementos del diseño, utilizando capas de **Máscara de recorte** para cualquier elemento que se extienda más allá del borde de la pieza. A continuación, agrupa las capas.

7 CAMBIA EL TAMAÑO DE LA PIEZA

Duplica el grupo y reduce el duplicado para que sea del tamaño que quieras que tenga cuando lo repitas. Asegúrate de trabajar con el duplicado; de este modo, si más tarde cambias de opinión sobre el tamaño, podrás modificarlo fácilmente a partir de la pieza original. Por ahora, haz que tu pieza mida aproximadamente una quinta parte del tamaño del lienzo.

Libre | Uniforme | Distorsionar | Deformar

8 DUPLICA LA PIEZA

Haz invisible tu pieza original (guárdala en caso de que más adelante la quieras utilizar). Duplica el grupo de piezas pequeñas y coloca el duplicado junto al primero, dejando algo de espacio entre ambos para crear el «mortero» de entre las piezas. Repite este proceso hasta llenar todo el lienzo. Si quieres que las piezas de tu mosaico tengan una separación determinada o prefieres que encajen dentro de una cuadrícula, puedes activar la **Guía de dibujo** en el **menú de Lienzo** y ajustar el tamaño de la cuadrícula al tamaño que desees.

Llegados a este punto, estarás acumulando un número considerable de capas. Si quieres reducir la cantidad y evitar que la aplicación Procreate se ralentice, puedes fusionar algunas. Primero, sin embargo, debes hacer un duplicado del documento original para evitar perder todas estas capas. Cuando fusionas capas, pierdes la posibilidad de editarlas por separado.

9 GIRA LAS PIEZAS

En este momento, si quieres crear una composición más interesante, puedes girar las piezas. Para ello, pulsa la **herramienta para mover** y utiliza el **cursor de giro** situado en la parte superior de los grupos seleccionados para girarlo todo a la vez. A continuación, si ves que en alguna zona faltan piezas, puedes volver a duplicar uno de los grupos y rellenar los huecos.

Libre | Uniforme | Distorsionar | Deformar

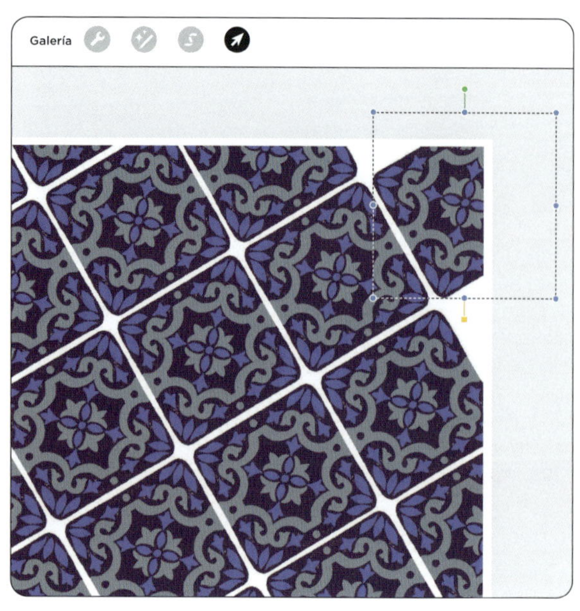

10 AGREGA OTROS ELEMENTOS

Puedes dar vida a esta composición agregándole muchas otras cosas. ¿Por qué no dibujas unos pies utilizando el mismo proceso que empleamos en el proyecto del avatar? ¿Y si además añades una planta vista desde arriba? Este proyecto podría convertirse en toda una serie de mosaicos de diferentes partes del mundo o sobre cómo se ven tus pies en los lugares que visitas. También puedes añadir una maleta abierta, un mapa o cualquier otro objeto que evoque la idea de viajar.

El resultado final

17

DISEÑA texturas selváticas

Descubre cómo se crean los pinceles de textura. Ya has utilizado estos pinceles en proyectos anteriores, como los Screen Print y el Watercolor Paper, pero ahora aprenderás a crear el tuyo propio.

Qué vamos a aprender:
A crear pinceles de textura.

Pinceles:

Sketching Pencil

Fluid Ink

Cheetah Spots

Paleta:
Funky Modern

Reddish Orange #ff4b18

Red Fox #d34925

Rose Bud #ffb09b

Dark Peach #d1725f

Mango Orange #df8000

Ginger Brown #9f5d00

Pink Pearl #ff9ce2

Neon Fuschia #ff54c2

Lake Mist Blue #d7dce7

Steel Blue #7297c9

Aqua Forest Green #6b9b78

Pine Green #3a5a44

Pale Violet #eda7fc

Amethyst Purple #ac4cc1

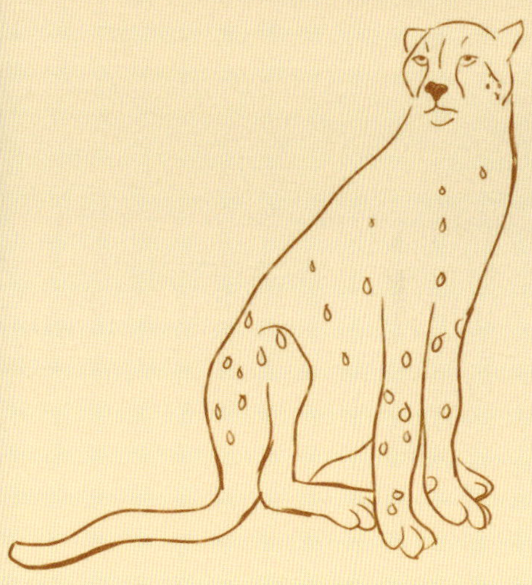

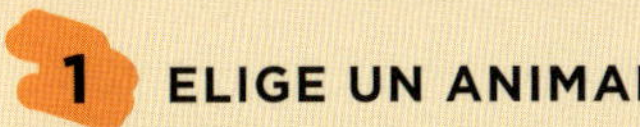

1 ELIGE UN ANIMAL

En este proyecto, se utiliza el pincel Cheetah Spots del **Brush Sampler** a modo de ejemplo, pero puedes elegir el animal que quieras para que el proyecto sea más estimulante: lo ideal sería un animal con manchas o rayas. Puedes calcar la fotografía de un animal y luego cambiar algunas partes para no copiar exactamente la imagen de referencia, o puedes dibujar el animal partiendo de cero combinando poses inspiradas en tus imágenes de referencia; este último método es el que verás a continuación.

2 EMPIEZA A DIBUJAR DESDE CERO

Para dibujar un animal desde cero, traza primero una línea desde la nariz hasta la cola. Esto se llama «línea de acción» y ayuda a crear una pose natural. Esboza el animal con formas geométricas y luego traza una línea de contorno alrededor del boceto para perfeccionar las formas. Dibujar animales es una habilidad que requiere práctica, así que no te desanimes si el primero que haces no te queda demasiado bien. En caso de que no te guste cómo ha quedado, vuelve a dibujarlo de nuevo.

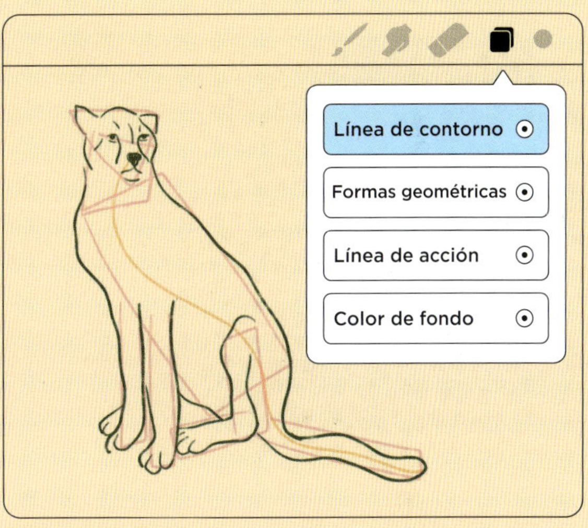

3 EMPIEZA A ENTINTAR

Entinta el dibujo y añade algunas líneas que definan las zonas que necesiten más detalle, para reproducir mejor algunas partes del cuerpo del animal.

4 PINCELES DE TEXTURA

El siguiente paso consiste en crear un pincel de textura, también conocido como pincel de tipo brocha porque aplica una imagen que puede deslizarse por todo el lienzo de un modo uniforme. Para ver lo que esto significa, haz invisibles todas las otras capas, selecciona el pincel Cheetah Spots y pásalo por todo el lienzo en una capa nueva. Puedes llenar todo el espacio con manchas de guepardo porque la imagen del pincel no tiene principio ni fin.

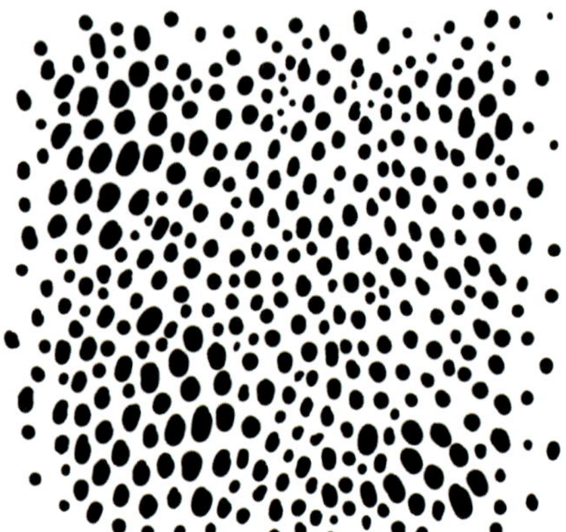

5 DIBUJA UNA TEXTURA

Crea una nueva capa y empieza a aplicar manchas o rayas, según el animal que estés dibujando. Puedes cambiar la escala del pincel más adelante, así que esta característica ahora no es importante. Lo esencial es que tu textura se parezca al pelaje del animal y se adapte bien al dibujo. Como con todos los pinceles que crees, debes utilizar negro puro para llevar a cabo este paso.

6 CREA UN CUADRADO BLANCO

Para convertir esta forma en un patrón sin principio ni fin, primero tienes que fusionarla con un cuadrado blanco. Para ello, crea una nueva capa y colócala debajo de tu capa con manchas o rayas. Después, pulsa dos veces en el área blanca del **disco de colores** para obtener un blanco puro, luego dale a la nueva capa y, por ultimo, a **Rellenar capa**. Ahora deberías tener un cuadrado blanco puro que podrás fusionar con tus manchas o rayas negras.

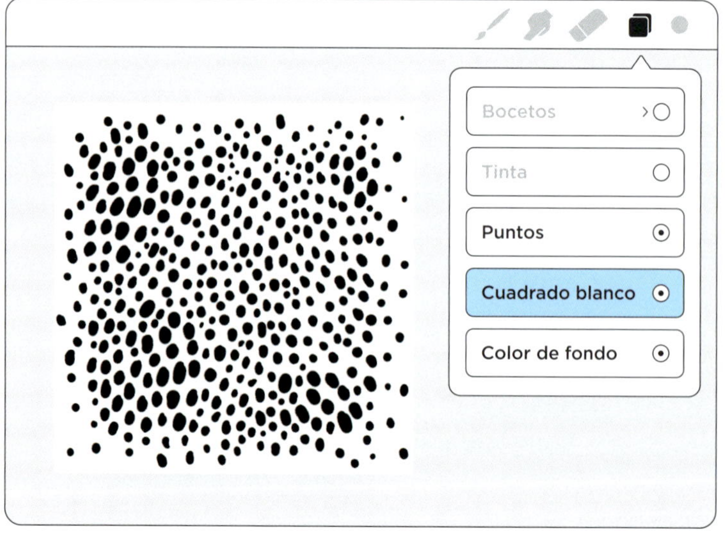

7 ACTIVA LA CUADRÍCULA

Duplica la capa fusionada tres veces para tener cuatro en total. Después, activa la **Cuadrícula**: para ello, pulsa en **Lienzo**, activa la **Guía de dibujo** y pulsa en **Editar guía de dibujo**. Aumenta el **Tamaño de cuadrícula** a **Max** para que solo aparezca una guía en forma de cruz en el lienzo. Puedes hacer que la cuadrícula sea más fácil de ver ajustando la **Opacidad**, el **Grosor** y el **Color** antes de pulsar en **OK** para fijarla en su sitio.

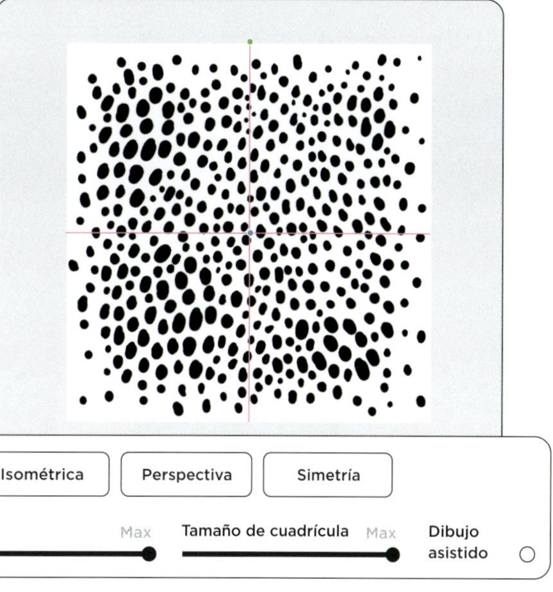

8 MUEVE LOS CUADRADOS A LAS ESQUINAS DEL LIENZO

Ahora debes mover cada cuadrado a una esquina del lienzo. Para ello, pulsa en la **herramienta para mover**, activa **Ajuste** e **Imán** en los ajustes de la **herramienta para mover** y arrastra las formas hasta las esquinas. Fíjate en la guía naranja en forma de signo + que aparece en el lienzo para asegurarte de que estás colocando bien los cuadrados, bien centrados en el lienzo. Si te pasas un solo píxel, tu pincel puede dejar un ligero hueco en la ilustración, así que tómate tu tiempo para hacerlo con precisión.

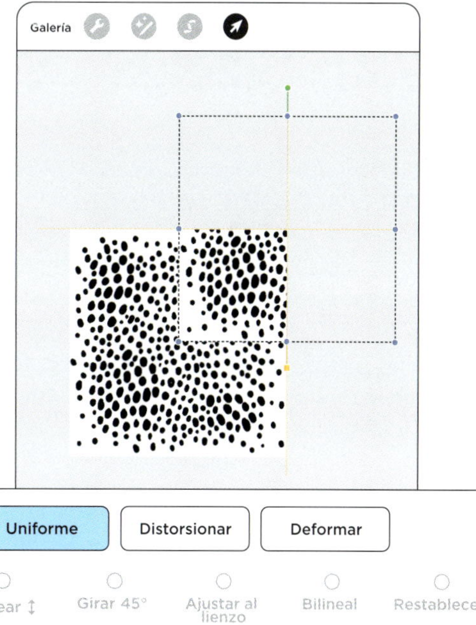

Consejo Crear bloques sin principio ni fin como este puede parecer complejo, pero no lo es tanto. Fíjate en este sencillo ejemplo. Las estrellas tienen que estar alineadas por arriba y por abajo, y también por la izquierda y la derecha, de modo que una estrella tiene que superponerse al borde para que coincida con la del otro lado. Esto es exactamente lo que haces con la imagen del pincel de manchas o rayas, solo que con muchas más formas.

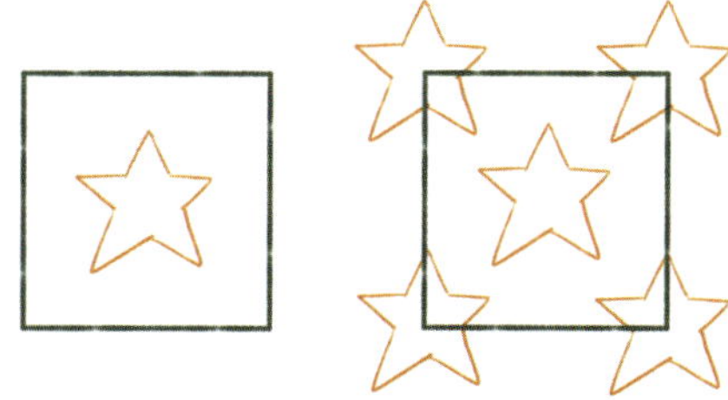

9 CREA TU PINCEL

Crea una nueva capa encima de los cuatro cuadrados que has colocado y acaba de llenar el espacio con tu textura, procurando no tocar los bordes del lienzo. A continuación, guarda la imagen en formato **JPEG** yendo a **Acciones**, **Compartir**, **JPEG**, y luego inserta la imagen a modo de **Grano** en una versión duplicada del pincel Cheetah Spots, igual que hiciste al crear tu sello en el proyecto «Crea un estampado de estrellas». La única diferencia es que cuando creas un pincel de textura, insertas la ilustración en la **sección de Grano** de los ajustes del pincel, en vez de hacerlo en la **sección de Forma**.

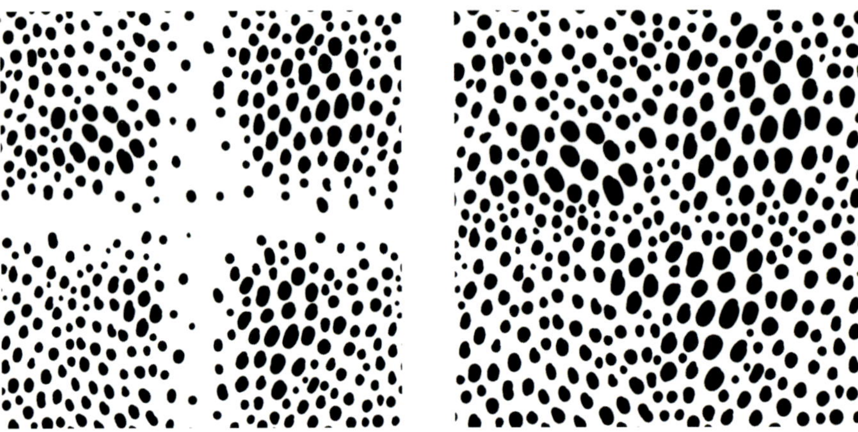

10 UTILIZA TU NUEVO PINCEL

Prueba tu pincel deslizándolo sobre el dibujo. A continuación, asegúrate de que la capa está justo encima del dibujo y conviértela en una capa de **Máscara de recorte** para que se ajuste al cuerpo del animal. Tal vez tengas que borrar algunos puntos si se superponen con algunos detalles, pero, por lo demás, ahora solo te faltará añadir un color de fondo. ¿Por qué no colocas en el fondo algunas plantas autóctonas del lugar donde vive el animal? Dibújalas en el lienzo y luego termina de llenar los espacios con algunas líneas y puntos.

El resultado final

18

Trabaja
CON CAPAS

Crea una composición inspirada en una afición compuesta de muchos elementos independientes. Practicaremos la gestión de numerosas capas evitando que la aplicación se ralentice o se cierre inesperadamente. En Procreate solo pueden crearse una cantidad limitada de capas, así que debemos aprender a gestionarlas.

Qué vamos a aprender:
A gestionar un gran número de capas.

Pinceles:

Sketching Pencil

Dark Gouache Glaze

Paleta:
Midnight Desert

- Hot Sun Yellow #ffc500
- Earthy Desert Yellow #ab7e00
- Buff Pink #ffc1ce
- Prom Dress Pink #b0707e
- Orange Sherbert #ff7c50
- Rusty Orange #ab3d17
- Electric Pink #ff3fc4
- Raspberry Pink #be0d7d
- Hazy Sky Blue #97aedc
- Deep Waters Blue #415888
- Ginkgo Leaf Green #69766b
- Aloe Plant Green #2d4934
- Lavender Purple #c1abf3
- Dark Iris Purple #210439

1 ELIGE UN TEMA

Elige una afición y busca imágenes de entre cinco y diez objetos relacionados. En el ejemplo, se trata de patinaje sobre ruedas, por lo que las imágenes están relacionadas con el equipo que se utiliza cuando se patina. Una vez que hayas reunido las imágenes, crea un boceto preliminar y otro definido para cada objeto. Dibuja cada objeto de uno en uno en su propia capa. Haz más objetos de los que pienses que vas a necesitar; así podrás quedarte con los que más te convengan y descartar los restantes o guardarlos para otro proyecto.

PLANIFICA LA COMBINACIÓN DE COLORES

Como esta composición tiene una paleta de colores limitada, es recomendable que empieces a pensar en cuál será la selección cromática de los objetos a medida que los dibujes. Esbozar las zonas usando distintos colores te ayudará a descomponer visualmente el objeto. Por ejemplo, en la riñonera, la cremallera y el bolsillo exterior se diferencian de la correa y de la hebilla aplicando unos simples colores.

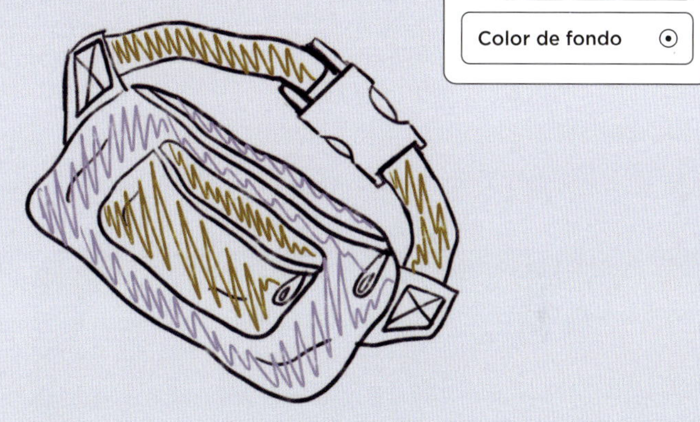

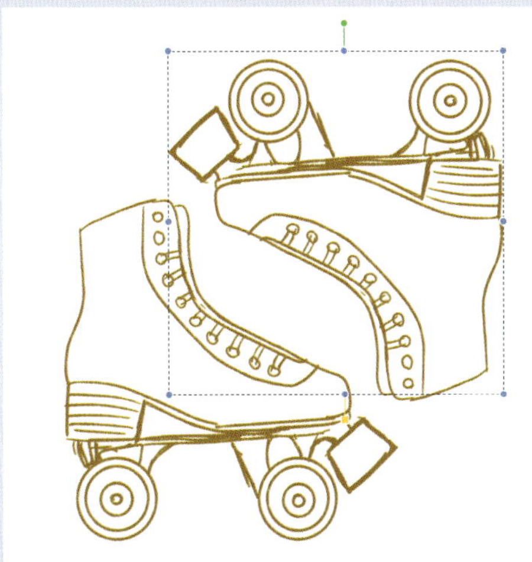

DUPLÍCALO Y VOLTÉALO

En el caso de los objetos que van por pares, como los patines, no es necesario dibujarlos dos veces. En lugar de ello, haz el objeto una sola vez y luego utiliza las funciones de **Duplicar** y **Voltear** para crear rápidamente el otro par.

Libre | Uniforme | Distorsionar | Deformar

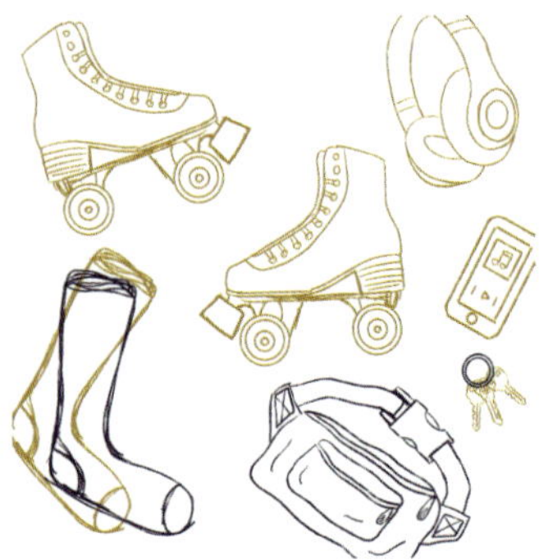

4 DISEÑA LA DISPOSICIÓN DEL LIENZO

Reduce el tamaño de los bocetos para que todos los objetos quepan cómodamente en el lienzo y distribúyelos como más te convenga. Puedes diseñar una disposición más organizada (piensa en herramientas de jardinería alineadas en fila) o de una manera más libre y aleatoria (piensa en materiales de pintura desperdigados por un escritorio). Ahora, entinta los objetos de uno en uno, manteniendo cada color en su propia capa.

5 EMPIEZA A ORGANIZAR TUS GRUPOS

Llegados a este punto, tienes que tomar una decisión: ¿quieres agrupar los elementos por objeto o por color? Puedes tener un grupo para los calcetines y otro para los auriculares, o agrupar todo lo que sea del mismo color; no hay una «manera correcta» de hacerlo. De momento, vamos a agruparlos por objetos; esto nos permitirá seguir teniendo la posibilidad de cambiar cada color y capa individualmente. Los grupos de objetos están en el grupo principal «Pintar», que separa los bocetos de los grupos de entintado. Si tienes un grupo en el lugar equivocado, puedes arrastrarlo hasta donde deba estar y seguir adelante.

Si tienes un iPad antiguo o más pequeño, puede que empieces a encontrarte con límites de capas al hacer una ilustración como esta. Para comprobar el número máximo de capas que puedes crear, ve a Acciones, Lienzo, Información del lienzo, Capas. Aquí verás cuántas capas puedes tener, cuántas has utilizado y cuántas quedan disponibles.

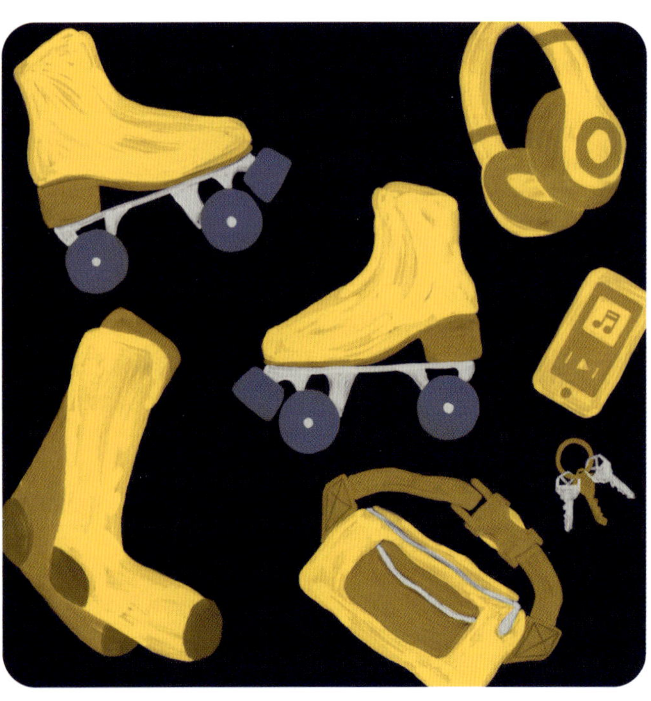

- Pintar
  - Llaves
    - Anillo
    - Llaves 1 y 3
    - Llave 2
  - Patines
    - Soportes
    - Suela de la bota
    - Ruedas y freno
    - Base del patín
  - Calcetines
    - Punta y talón
    - Calcetín oscuro
    - Calcetín claro

6 ASIGNA UN NOMBRE A LAS CAPAS

Llegados a este punto, dedica un rato a poner nombre a las capas o, al menos, a los grupos. Aunque esto puede ser tedioso, siempre va muy bien poder ver fácilmente qué es cada elemento del **panel de Capas** (especialmente cuando se trata de objetos diminutos, como las llaves o los botones del teléfono). Más adelante, si quieres hacer versiones de otros colores de tu composición, verás las ventajas de haber puesto nombre a las capas de tu dibujo original.

7 AÑADE DETALLES Y MOVIMIENTO

Mientras entintas, considera la posibilidad de añadir otros elementos que ayuden a dar movimiento a la composición. Aquí, los cordones de los patines están sueltos en lugar de estar atados con un lazo. Pequeños detalles como este pueden ayudar a dirigir la mirada del espectador por el lienzo, lo que hará que contemplen la obra durante un tiempo más prolongado. A veces, eso marca la diferencia entre comprar o no una ilustración de un artista.

8 PRUEBA DIFERENTES COMBINACIONES DE COLORES

Cuando estés satisfecho con tus capas y los detalles que has añadido, crea algunas versiones de otros colores. Para ello, vuelve a la **Galería**, pulsa en **Seleccionar** y, a continuación, varias veces en **Duplicar**. Prueba diferentes combinaciones de colores en cada lienzo. Lo bueno de trabajar con lienzos duplicados es que dejas de temer cometer errores porque simplemente puedes volver a duplicar el dibujo y seguir experimentando.

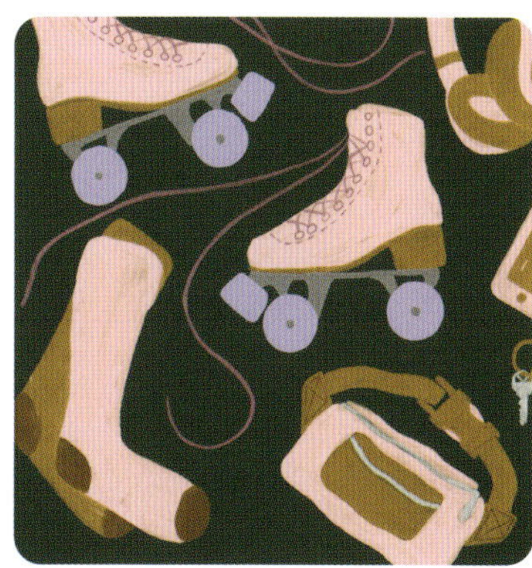

9 PREVISUALIZA EL TRABAJO

Ahora puedes previsualizar tus versiones de diferentes colores. Vuelve a la **Galería**, pulsa en **Seleccionar** y, después, selecciona todas las versiones que hayas creado. Si ahora pulsas en **Vista previa**, se abrirá tu ilustración a gran escala, sin iconos que te distraigan ni otras imágenes de la galería en el fondo. Puedes deslizar el dedo de izquierda a derecha para previsualizar tu trabajo, y considerar los pros y los contras de cada versión.

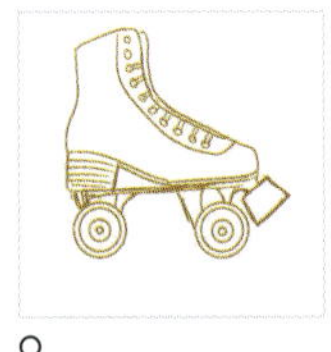
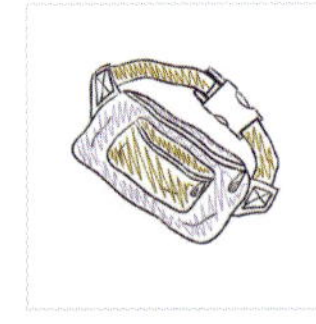
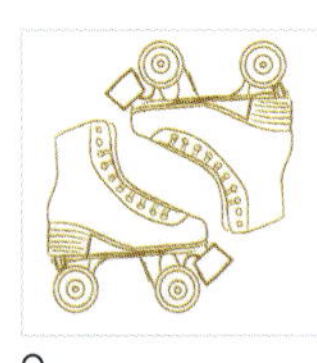
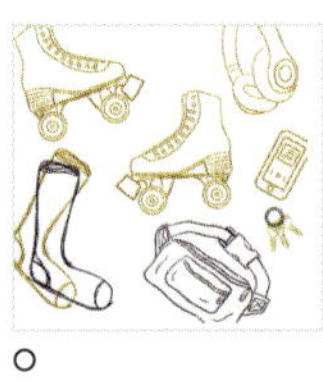
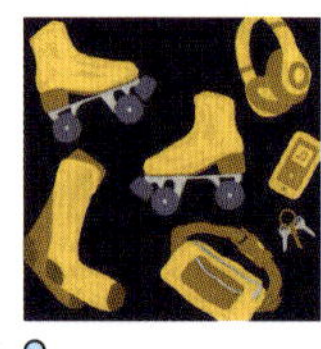
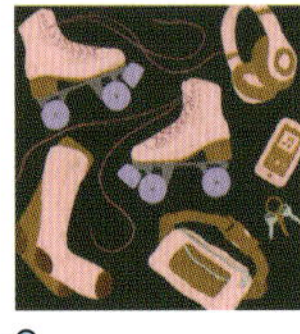
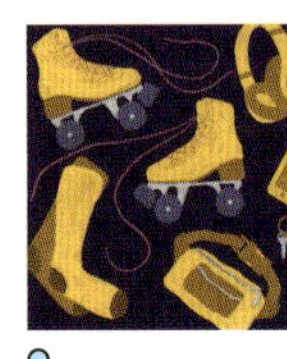
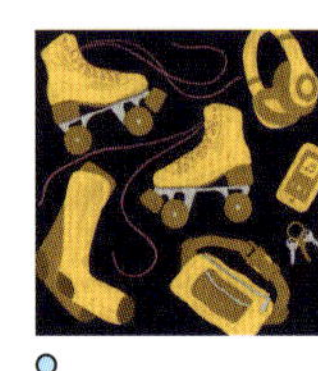
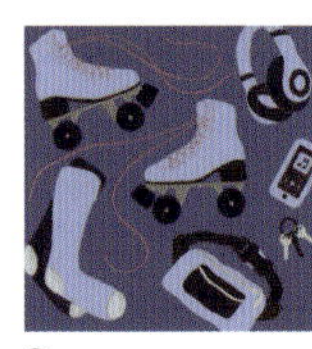
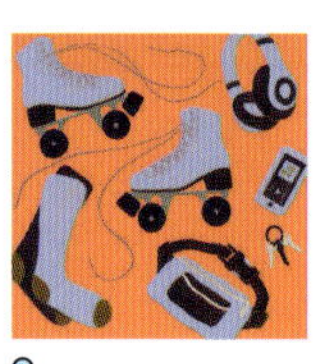

10 AÑADE UNA TEXTURA DE FONDO

Ahora que tienes una composición interesante formada por varios objetos, ¿por qué no pruebas a añadir un fondo relacionado con la afición? Por ejemplo, para un tema sobre materiales artísticos podrías añadir algunas vetas de madera que indiquen que se trata de la mesa de trabajo de un artista, y para un tema de cocina podrías hacer que pareciera una encimera de granito. Aquí he utilizado el pincel Cheetah Spots a una escala reducida para que las manchas de guepardo parezcan guijarros.

El resultado final

19

DIBUJA UNA repetición botánica

En este proyecto, dibujarás un patrón de repetición con un tema floral. De este modo, aprenderás a dibujar a mano patrones que, al repetirse uniformemente, crean composiciones fluidas e interesantes.

Qué vamos a aprender:
A dibujar un patrón de repetición.

Pinceles:

Sketching Pencil

Fluid Ink

Paleta:
Muted Retro

Tomato Red #ff3100

Red Wine #981200

Cornflower Blue #597ce9

Blue Jay Blue #283c77

Glacier Blue #e0e4ea

Mountain Mist Blue #8799ad

Buttermilk Yellow #efb233

Oak Brown #916800

Dark Pastel Purple #917dbd

Plum Purple #493a62

Avocado Green #b1a450

Pickled Bean Green #595221

Flamingo Pink #f8abab

Valentine Red #e9605c

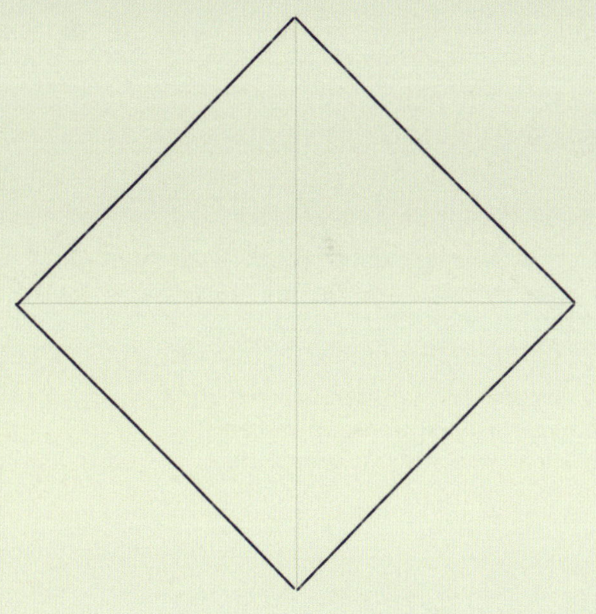

1 DIBUJA UN ROMBO

Primero busca imágenes de referencia de plantas que te gustaría dibujar. Pueden ser flores, frutas, hojas y bayas. Elige unas cuantas y combina elementos característicos de cada una para crear tu boceto. A continuación, dibuja un rombo en el lienzo: para ello, activa la **Guía de dibujo** a escala **Max** para que aparezca un signo + en el lienzo y luego traza líneas entre cada una de las puntas del signo + para obtener el rombo.

2 DIBUJA EL BOCETO PRELIMINAR

Crea el boceto preliminar de la primera parte de tu patrón, empezando con simples líneas y círculos que indiquen la posición de los tallos y las flores. En esta fase inicial, delimitar zonas con simples formas geométricas es una manera excelente de crear una composición variada e interesante.

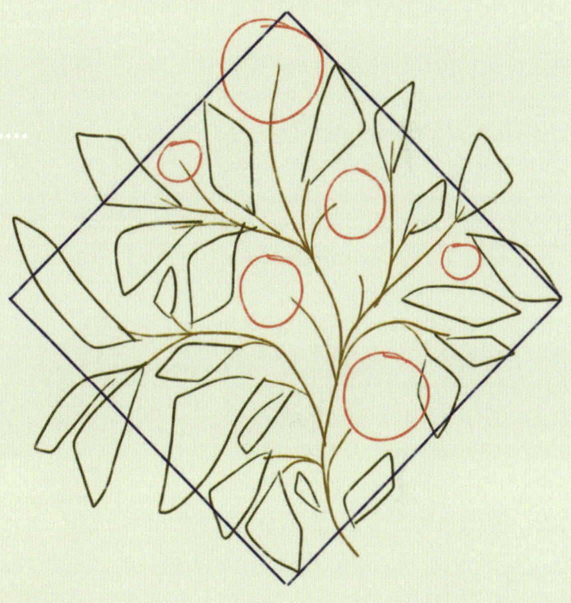

3 DEFINE EL BOCETO

A continuación, esboza las formas con más precisión, centrándote en detalles como los bordes ondulados de las hojas y las partes de las flores.

4 EL GRUPO «ROMBO 1»

Agrupa todas las capas del boceto y llama al grupo «Rombo 1». Esto te ayudará a organizarte mientras creas la otra parte de tu repetición. Duplica el grupo «Rombo 1» y llámalo «Rombo 2» para que puedas diferenciarlo del original. Ahora vamos a empezar a construir el patrón de repetición.

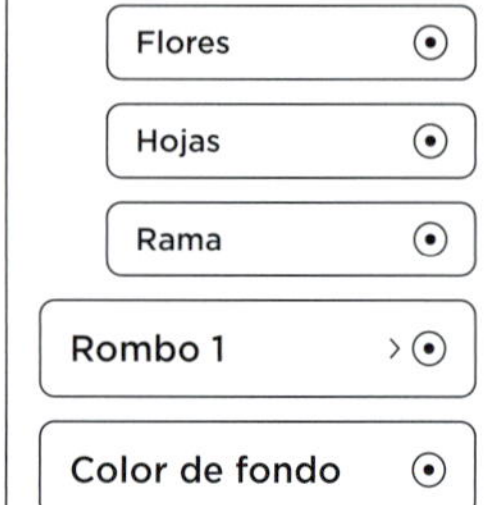

5 MUEVE LOS ROMBOS A LAS ESQUINAS DEL LIENZO

Fusiona todas las capas del boceto del grupo «Rombo 2», crea una capa blanca debajo de la capa del boceto y fusiona las dos. Después, tienes que duplicar y mover los rombos a las esquinas del lienzo. Con la **herramienta para mover**, coloca con precisión los cuatro rombos en las esquinas del lienzo, de modo que acabes con un área abierta en el centro. Para obtener más información sobre este proceso, consulta el proyecto «Diseña texturas selváticas» en la página 118.

6 RELLENA LOS HUECOS DEL PATRÓN

Ahora deberías tener un nuevo rombo vacío en el centro del lienzo, porque los cuatro triángulos creados a partir del primer rombo se han colocado de manera que forman un nuevo rombo. A continuación, dibuja flores y hojas en el espacio vacío de modo que encajen como las piezas de un rompecabezas en las formas existentes. Ahora también puedes fusionar todas las capas de «relleno blanco» para ahorrar un poco de espacio en tu **panel de Capas**.

7 PRUEBA TU PATRÓN DE REPETICIÓN

Prueba tu patrón de repetición para ver cómo queda. Haz visible el diseño del rombo, pon todas las capas del boceto detallado con una opacidad del 100 % y, a continuación, guarda la imagen en formato **JPEG**. Inserta el archivo **JPEG** y cambia el tamaño de la imagen con la **herramienta para mover** (asegúrate de que el bloque se ajusta a la cuadrícula). Después, duplica el bloque tres veces y ponlos en su lugar correspondiente. Si ves que alguna zona de la repetición necesita algún retoque, márcala con el pincel Red Pencil, vuelve a las capas de bocetos y arréglala.

8 AÑADE COLOR Y DUPLICA EL GRUPO

Vuelve a la capa del grupo original «Rombo 1» y añádele un grupo de entintado, creando una capa de fondo rellena en la parte inferior del grupo. Entinta el grupo, duplícalo tres veces y mueve los grupos duplicados a las esquinas del lienzo, igual que has hecho con el boceto en el paso 5. Se recomienda hacer siempre un quinto duplicado y ponerlo invisible, además de llamar al rombo entintado «original», por si algo sale mal en el proceso de crear una repetición.

Consejo Si tienes problemas a la hora de colocar bien los rombos duplicados en las esquinas del lienzo, recuerda que puedes ampliar el tamaño a nivel de píxel para comprobar la posición. Alinea los puntos de la **herramienta para mover** con las líneas de puntos de la cuadrícula en tu lienzo para lograr un ajuste perfecto.

9 SIGUE ENTINTANDO

Entinta el segundo rombo y verás cómo tu repetición empieza a tomar forma a medida que coloreas cada hoja y cada flor.

10 PRUEBA DIFERENTES COLORES

Dedica algún tiempo a experimentar con las opciones de color y los pequeños ajustes de cada forma hasta que estés satisfecho con el diseño general. A continuación, puedes repetir el patrón tal como has hecho en el paso 7 para comprobar si funciona a modo de mosaico.

Sigue así

A menudo, los artistas sienten la tentación de dejar un dibujo a medias porque creen que no van a estar satisfechos con el resultado. No obstante, recuerda que el último paso (rellenar los espacios con detalles, como puntos y hojas) es a veces el toque final que convierte un dibujo soso y sin gracia en una obra interesante y variada.

El resultado final

HAZ UNA LLAMA *parpadeante*

En este proyecto, vamos a probar a realizar una animación. Añadir una animación sencilla a un proyecto no solo es una manera divertida de dar vida y movimiento a tus ilustraciones, sino que también puede contribuir a aumentar el interés de tu público por tu trabajo en Internet.

Qué vamos a aprender:
A utilizar las **herramientas de Animación**.

Pinceles:

Sketching Pencil

Fluid Ink

Playroom Floor Texture

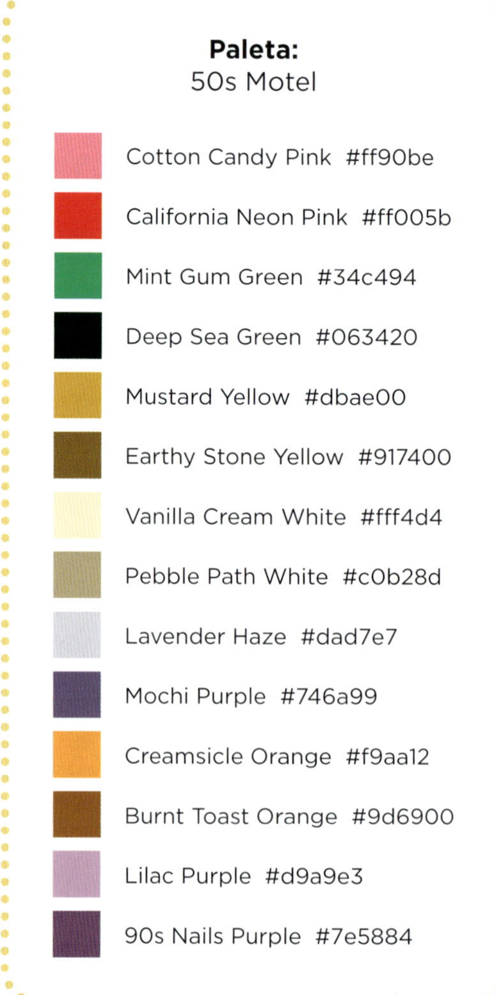

1 BUSCA IMÁGENES DE REFERENCIA Y EMPIEZA A HACER UN BOCETO

Busca en Internet imágenes de referencia de cajas de cerillas antiguas y de un animal de aspecto feroz que quieras utilizar como motivo decorativo. En lugar del animal, también puedes poner letras, un símbolo o simplemente un estampado. Si no encuentras ninguna idea interesante en Internet, sigue este ejemplo y utiliza un león como modelo. Crea un boceto preliminar de la caja, de una cerilla y del motivo decorativo.

2 DEFINE EL BOCETO

Haz un boceto detallado de la caja de cerillas. Utiliza **QuickLine** para obtener bordes perfectamente rectos y crea los elementos repetidos, como las cabezas de las cerillas, duplicando una forma original.

3 PÍNTALO

Entinta el dibujo utilizando cualquiera de las técnicas que has aprendido en este libro. Ahora probablemente ya tienes una idea de qué pinceles prefieres, qué colores te gustan más y cuál es la mejor manera de organizar tu **panel de Capas**.

4 AÑADE TEXTURA

Como toque final, puedes añadir una textura sobre toda la ilustración, por ejemplo con los pinceles Pencil Taps Texture o Playroom Floor Texture, y luego ajustarla en un **Modo de fusión** que produzca un efecto que te guste. En este ejemplo, se utiliza el pincel Playroom Floor Texture con Sobreexponer color como **Modo de fusión**.

León

Animación de la caja de cerillas

5 DUPLICA EL ORIGINAL

Una vez que estés satisfecho con la ilustración, habrá llegado el momento de dotarla de movimiento. Es importante que empieces haciendo un duplicado para no perder las capas originales, ya que el proceso de animación requiere que combines algunas. Para ello, ve a la **Galería**, pulsa en **Seleccionar** y luego en **Duplicar**. Pula en el nombre del documento y llámalo «Animación de la caja de cerillas» para diferenciarlo del original.

6 ORGANIZA EL PANEL DE CAPAS

Abre el documento duplicado y ordena el **panel de Capas**: elimina los grupos de bocetos y fusiona las formas en dos grupos, uno con los elementos que se moverán y otro con lo que no. En este caso, lo único que se moverá es la llama, así que puedes fusionar todas las capas que no formen parte de la llama. Te quedarás con tres capas: una con la textura, otra con la llama y otra que agrupe todos los elementos restantes.

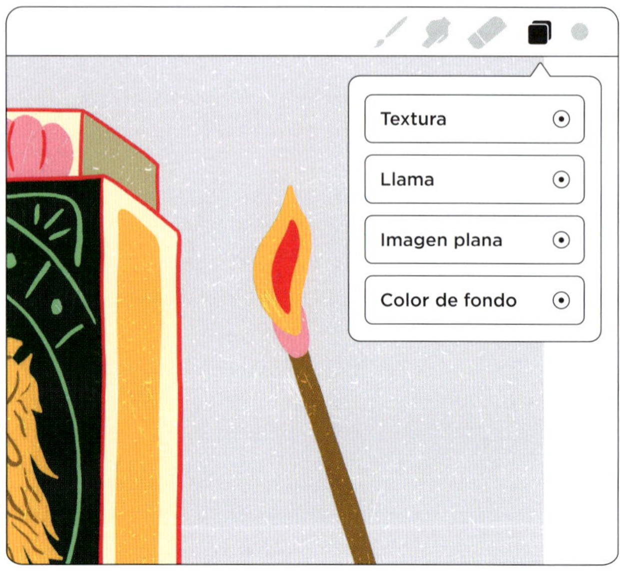

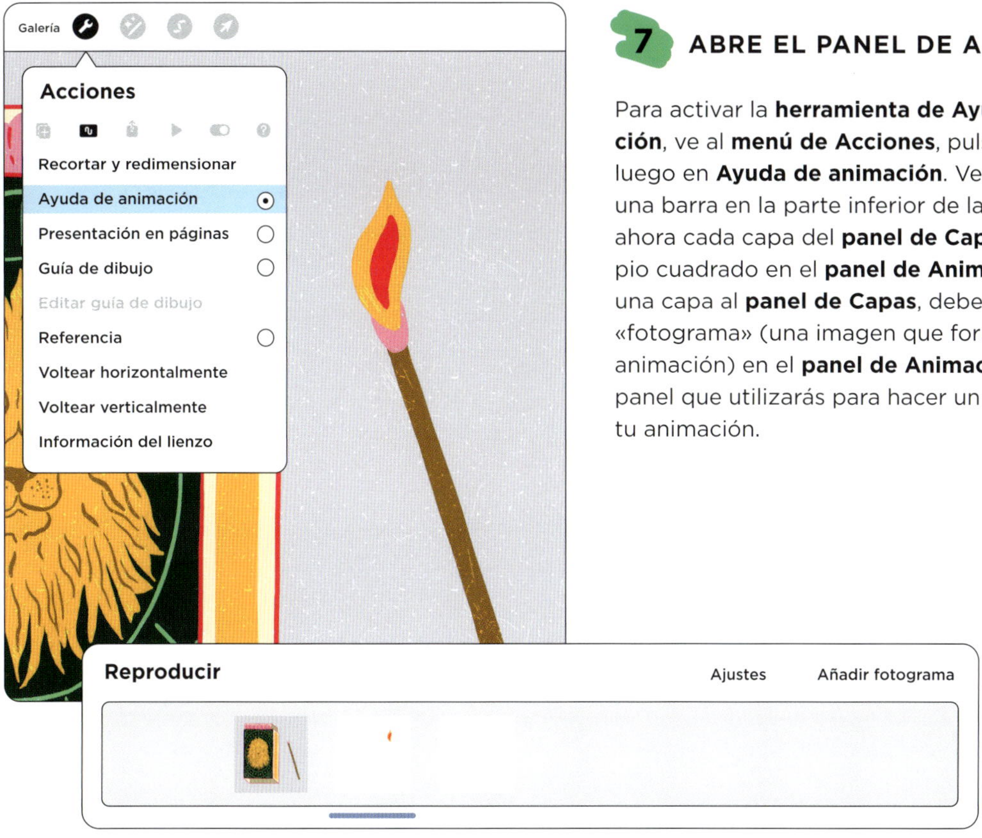

7 ABRE EL PANEL DE ANIMACIÓN

Para activar la **herramienta de Ayuda de animación**, ve al **menú de Acciones**, pulsa en **Lienzo** y luego en **Ayuda de animación**. Verás que aparece una barra en la parte inferior de la pantalla y que ahora cada capa del **panel de Capas** tiene su propio cuadrado en el **panel de Animación**. Si añades una capa al **panel de Capas**, debería aparecer un «fotograma» (una imagen que formará parte de la animación) en el **panel de Animación**. Este es el panel que utilizarás para hacer un seguimiento de tu animación.

8 ESTABLECE EL PRIMER PLANO Y EL FONDO

Primero establece el fondo y el primer plano de la animación. Estos elementos se mantendrán a lo largo de toda la animación, independientemente de lo que hagas con las capas intermedias. Para poner la capa con la ilustración de la caja de cerillas como **Fondo**, pulsa sobre ella en el **panel de Animación** y selecciona **Fondo**. Después, haz lo mismo con la capa de la textura, pero esta vez ponla como **Primer plano**.

9 DIBUJA LOS FOTOGRAMAS DE ANIMACIÓN

Ahora vuelve a dibujar la llama varias veces en distintas capas, colocando cada una justo encima de otra, para crear los fotogramas de la animación. Para conseguir un efecto de animación que resulte interesante, debes crear al menos cinco o seis capas con llamas en posiciones ligeramente diferentes.

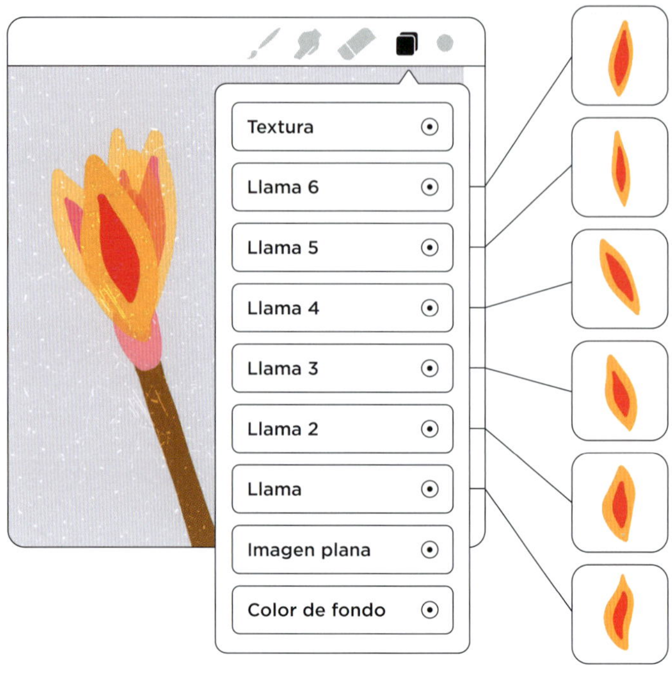

10 ANIMA LA LLAMA

Cuando hayas dibujado unas cuantas capas, pulsa en **Reproducir** en el **panel de Animación** y luego ve a **Ajustes** para cambiar la velocidad y el tipo de animación. Para empezar, prueba a poner **Ping-Pong** a una velocidad de 8 fotogramas por segundo. Después, experimenta con los ajustes para ver los efectos que produce cada uno de ellos. Crea más llamas si quieres que tu animación quede de aún mejor.

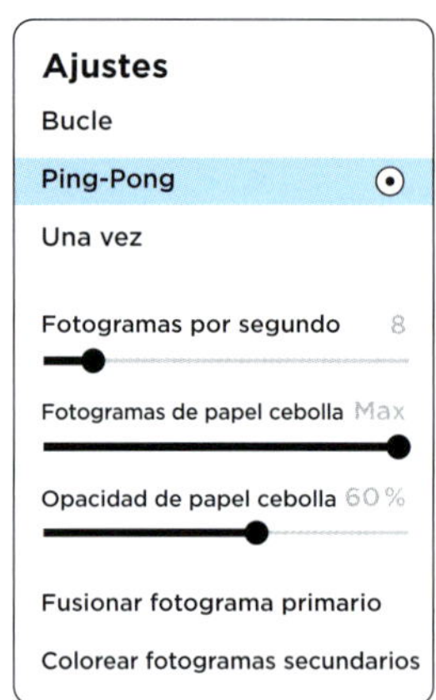

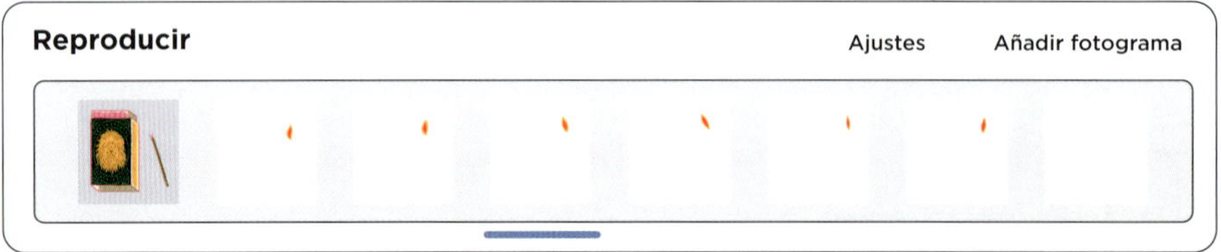

Sigue así

Ahora que ya sabes hacer animaciones, ¿por qué no añades más movimiento a tu obra? Puedes hacer que los ojos del león parpadeen o que la melena se ondule con el viento. Cada movimiento que incorpores, por pequeño que sea, contribuirá a dar vida a tu composición.

El resultado final

¿Y ahora qué?

Ahora que ya sabes crear ilustraciones en Procreate, es hora de que empieces a compartir tu trabajo con el mundo. A continuación, encontrarás algunos consejos sobre cómo hacerlo exactamente y sobre cómo seguir perfeccionando tus habilidades artísticas.

CÓMO COMPARTIR TUS OBRAS

Puedes compartir tus ilustraciones en las redes sociales, en un sitio web, en páginas web de impresión por encargo para venderlas o incluso imprimirlas para colgarlos en la pared o regalarlas.

COMPARTE TUS DIBUJOS INACABADOS

Las ilustraciones acabadas no es lo único que puedes compartir. A todo el mundo le gusta ver el proceso creativo de un artista, así que comparte tus bocetos, tus dibujos entintados y las versiones de diferentes colores que has creado para que la gente se interese por tu trabajo.

ETIQUETA A TUS AMIGOS

Cuando muestres tus ilustraciones en Internet, etiqueta a amigos y familiares o compártelas con ellos. Compartir tus obras con tu círculo de gente más cercana es la mejor manera de empezar a dar a conocer tu trabajo en Internet. Si las publicas en Instagram, etiquétame en @lizkohlerbrown para que pueda verlas y felicitarte.

SIGUE APRENDIENDO Y MEJORANDO

Con respeto a todas las posibilidades que ofrece Procreate, en este libro solo hemos visto la punta del iceberg. A medida que crees más ilustraciones y vayas mejorando tu estilo, conocerás mejor tus propios gustos y podrás empezar a profundizar en los temas que te apasionan. Déjate llevar por tu instinto y dedica meses a experimentar un único estilo para crear una galería de ilustraciones que puedas compartir con el mundo y dar a conocer tu estilo personal.

EL PROGRESO SE CONSIGUE CON UN TRABAJO LENTO PERO CONSTANTE

Recuerda que todos los artistas empiezan desde cero, igual que tú. Cuanto más te centres en una o dos áreas y perfecciones tus habilidades relacionadas con ellas, más rápido alcanzarás tus objetivos. También podría resultarte estimulante llevar un registro de tu progreso, por ejemplo guardando un dibujo cada mes y repasando tus avances de forma periódica.

HAZ COPIAS DE SEGURIDAD DE TU TRABAJO

Una vez que empieces a crear una galería considerable de ilustraciones, deberías plantearte hacer copias de seguridad de tu trabajo en un servicio de almacenamiento en la nube, como iCloud, Dropbox o Drive.

Para ello, ve a la **Galería**, pulsa en **Seleccionar** y luego en **Agrupar**. A continuación, pulsa en **Compartir** y elige Procreate como tipo de archivo para guardar tus archivos originales de Procreate, por si ocurre alguna situación imprevista, como que te roben el iPad o se produzca un incendio o una inundación.

Índice analítico

AGRADECIMIENTOS

Quiero expresar mi más profundo agradecimiento a los editores y a la editorial, cuya profesionalidad y asesoramiento han sido inestimables para llevar este proyecto a buen puerto. A Lindsay Kaubi y Dee Costello, por su incansable dedicación al revisar con amabilidad y paciencia lo que sale de mi a veces caótica mente creativa. A Lindsey Johns, la diseñadora que tomó mis cientos de lienzos en completo desorden y los presentó de un modo magnífico en este libro, le doy las gracias por ayudarme a que todo quedara tan elegante y ordenado y por hacer que mis ideas cobraran vida.

Un agradecimiento especial a mi marido, cuyo apoyo me ha permitido seguir mi carrera creativa desde que nos conocimos en la universidad en 2007. Su buena disposición para vivir una vida fuera de lo común conmigo (como vender todas nuestras pertenencias para mudarnos a Tailandia, vivir en el bosque en una cabaña sin electricidad y lanzarnos a crear nuestras propias empresas independientes) ha hecho posible mi carrera creativa. Sin olvidar que a menudo se ocupa con mucho amor y cariño de nuestros hijos, que a veces son un poco inquietos, mientras yo me escapo para dibujar. Gracias por ser mi mejor amigo y el mayor apoyo en mis actividades creativas desde el primer día.

Tengo también una deuda de gratitud con los miembros de The Studio, cuya creatividad y entusiasmo han impulsado mi propio viaje artístico. Todos estos años en los que siempre me habéis estado apoyando y animando han sido una fuente constante de inspiración, que me ha llevado a explorar nuevos proyectos aparentemente inalcanzables y a ampliar los límites de mi profesión. Gracias por formar parte de esta increíble comunidad creativa y por inspirarme a seguir creando cada día.

Mi agradecimiento más sincero,

Liz Kohler Brown

ACERCA DE LA AUTORA

Liz Kohler Brown es una artista especializada en diseño y *lettering* afincada en Carolina del Norte. Le encanta inspirarse en objetos antiguos para crear atrevidas ilustraciones para telas y artículos de papelería. Sus ilustraciones son alegres, divertidas y llenas de combinaciones sorprendentes. Los diseños e ilustraciones de Liz se han vendido en todo el mundo a través de tiendas en línea y presenciales, como Target, Hawthorne Supply Co. e Inkwell Greeting Cards. En su programa de afiliación, The Studio, los artistas pueden estar informados sobre las tendencias artísticas y de diseño más recientes, aprender a generar ingresos con sus creaciones artísticas y desarrollar un estilo personal que atraiga a clientes y empresas.
www.lizkohlerbrown.com